WIENAND[S] KLEINE REIHE
DER KÜNSTLERBIOGRAFIEN

WEITERE TITEL:

OTTO DIX
MAX ERNST
CASPAR DAVID FRIEDRICH
ALEXEJ VON JAWLENSKY
ERNST LUDWIG KIRCHNER
GUSTAV KLIMT
KÄTHE KOLLWITZ
WILHELM LEHMBRUCK
MAX LIEBERMANN
AUGUST MACKE
PAULA MODERSOHN-BECKER
AMEDEO MODIGLIANI
GABRIELE MÜNTER
EDVARD MUNCH
EMIL NOLDE
CHRISTIAN SCHAD
EGON SCHIELE
MAX SLEVOGT
MARIANNE VON WEREFKIN

Stefan Lüddemann

FRIEDRICH VORDEMBERGE-GILDEWART

Wienand

Inhalt

bei dieser angelegenheit kann ich auch verraten, das [sic] ich infolge dieser eben gesagten haltung nur in langen abständen arbeiten von mir geben kann. deshalb habe ich es in den sagen wir mal 10–12 jahren [...] nur bis zu 85 bildern heute gebracht. dass ich keine hunderten von arbeiten bis jetzt geschafft habe, liegt an meiner ehrlichkeit, an meiner haltung und an meiner disziplin.

An Max Bill, 28. September 1934

Im Exil mit Max Beckmann

Sie müssen ein kurioses Paar gewesen sein: Max Beckmann, der Maler moderner Mythen, und Friedrich Vordemberge-Gildewart, der Konstrukteur geometrischer Bildwelten. Groß und massig der eine, klein und schmal der andere. So verschieden sie als Künstler und als Menschen sein mochten, in Amsterdam verbindet sie ein gemeinsames Schicksal: das Exil. „Erst 1941 lernte ich Max Beckmann persönlich kennen“, erinnert sich Friedrich Vordemberge-Gildewart später. Mögen seine ungegenständlichen Bilder auf den ersten Blick unpolitisch erscheinen, so drängen die Nationalsozialisten doch auch ihn ebenso wie Max Beckmann ins Exil. Beide werden als „entartet“ verfemt.

„Aus den ersten mehr oder weniger sporadischen Besuchen entwickelte [sic] sich über das Kriegsende hinaus bis zu seinem Fortgang nach den USA die regelmäßigen Donnerstagnachmittag-Begegnungen zwischen ihm und mir in der Stadt“, schreibt Vordemberge-Gildewart 1954 in seinem Text *Über die Begegnung mit Max Beckmann.* Beckmann selbst notiert für die Zeit zwischen 1941 und 1948 in seinem Tagebuch rund 70 Begegnungen mit seinem Künstlerkollegen, die er auch fortsetzt, als Vordemberge nach einem Unfall im Krankenhaus ist. In einem Brief an Beckmanns Frau Mathilde „Quappi“ Beckmann vom 7. Januar 1951 erinnert sich Vordemberge dankbar an die Besuche des ein Jahr zuvor verstorbenen Max Beckmann.

Aber was bringt zwei Künstler zusammen, die auf den ersten Blick nur die Erfahrung des Exils teilen, ansonsten aber denkbar unterschiedlichen künstlerischen Philosophien folgen? Max

Beckmanns Nähe habe immer „eine Sicherheit zum Leben“ ausgestrahlt, hält Vordemberge fest. Ob Beckmann an seinem Osnabrücker Künstlerkollegen ähnliche Qualitäten entdeckt? Dafür spricht einiges, denn Friedrich Vordemberge-Gildewart erweist sich in der Bedrängnis des Exils als Mann von Charakter und Geistesfreiheit.

„es ist wirklich ein wunder, dass meine frau und ich noch existieren“, schreibt Vordemberge am 17. August 1945 im Rückblick auf die Jahre des Exils an den Kunsthistoriker Justus Bier, mit dem er in Hannover zuvor eng zusammengearbeitet hat. Bier steht der Kestner-Gesellschaft vor, die Hannover in den 1920er-Jahren zu einem Zentrum der **Avantgarde*** gemacht hat. Friedrich Vordemberge-Gildewart gehört zum inneren Kreis einer jungen Kunst des Konstruktivismus, die sich in jenen Jahren konstituiert. Der Künstler bleibt seiner Kunst in Amsterdam nicht nur treu, er konzipiert gerade dort einige besonders fein komponierte Bilder, die von den Gefahren dieser Zeit nichts ahnen lassen.

ER BLEIBT SEINER JÜDISCHEN FRAU TREU

Vordemberge-Gildewart beweist damit innere Unabhängigkeit und Charakterstärke. Die Zeit im Amsterdamer Exil steht er gemeinsam mit seiner jüdischen Frau, der Tänzerin Ilse Leda, durch. Er unterhält Kontakte mit Menschen im Widerstand wie dem Kurator Willem Sandberg, der später das Stedelijk Museum in Amsterdam leiten wird, und dem Drucker und Verleger Frans Duwaer. Sandberg taucht unter, als der Verfolgungsdruck der deutschen Besatzer steigt. Duwaer wird als Widerstandskämpfer enttarnt und am 10. Juni 1944 erschossen.

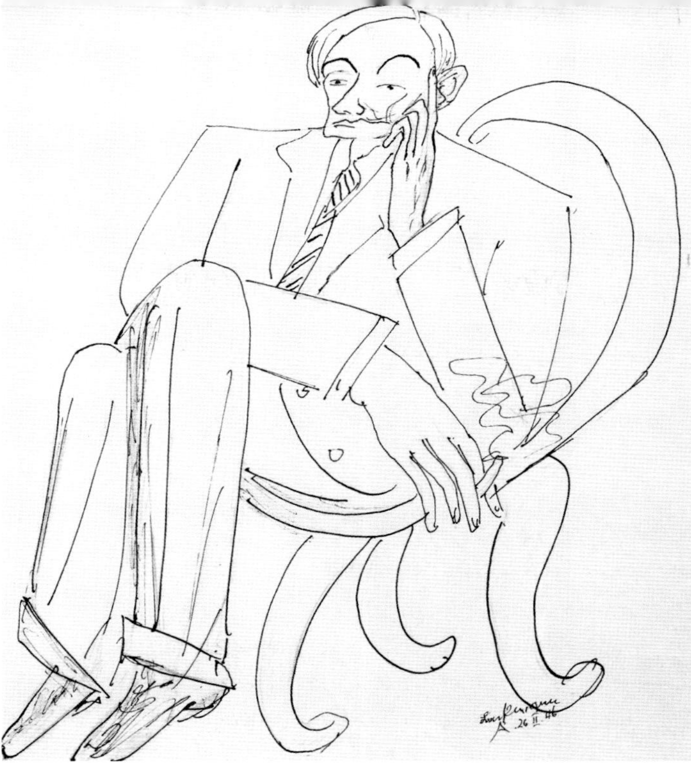

Max Beckmann, **Porträt Friedrich Vordemberge-Gildewart**, 1946,
Bleistift und Tusche auf Papier, 39,7 × 35 cm

Die Herrschaft der Nationalsozialisten ist vorbei, die befreundeten Künstler können aufatmen. Max Beckmann zeichnet Friedrich Vordemberge-Gildewart 1946 in einem Lehnstuhl sitzend.

Vordemberge hat sich zurückgelehnt, die Beine übereinandergeschlagen. Er stützt den Kopf in die eine Hand, hält zwischen den Fingern der anderen Hand eine Zigarette. Der Blick will zur Sitzhaltung allerdings nicht recht passen. Vordemberge-Gildewart schaut nachdenklich. Die Nöte des Exils sind 1946 noch lange nicht vergessen. Die geschwungenen Augenbrauen geben dem Gesicht Kontur. Ein bisschen sehen sie wie die Furchen jener Sorgen aus, die Spuren hinterlassen haben.

Max Beckmann findet in Friedrich Vordemberge-Gildewart einen Freund, der in schwierigster Zeit verlässlich und integer bleibt, einen Künstler, der sein Werk und Fragen der künstlerischen Qualität auch in der dunklen Zeit der Vertreibung nicht aus den Augen verliert. So unterschiedlich Beckmann und Vordemberge auch sein mögen – sie finden aneinander Halt, als ihre äußeren Lebensumstände bedrohlich werden.

Max Beckmann zeigt schließlich ganz unmittelbar, wie sehr er Vordemberge-Gildewart schätzt, indem er ihn zeichnet und malt. Im Februar 1946 entsteht jene Porträtzeichnung, die Vordemberge lässig in einem Sessel sitzend zeigt. Der Konstruktivist stützt den Kopf in die Hand, hat ein Bein über das andere geschlagen, hält in der anderen Hand eine Zigarette. Da sitzt ein gepflegter Herr, kein Bohemien.

BECKMANNS GEMÄLDE *LES ARTISTES MIT GEMÜSE*

Die Zeichnung mag als Gelegenheitswerk angesehen werden. Das gilt sicher nicht für das Gemälde *Les Artistes mit Gemüse,* das Max Beckmann 1943 in Amsterdam malt. Um einen Tisch herum sind vier Männer in einer engen Kammer wie zu einer Runde von Verschworenen versammelt. Auf dem Tisch steht eine Kerze. In ihrem fahlen Licht leuchten die Gesichter der Männer blass auf: Hinten der Maler Otto Herbert Fiedler und der Dichter Wolfgang Frommel. Vorn rechts ist Max Beckmann selbst zu erkennen. Er schaut nach links – auf Friedrich Vordemberge-Gildewart.

Der Osnabrücker Künstler findet sich auf diesem Bild besonders herausgehoben dargestellt. Die Freunde Beckmanns halten mit Rübe, Fisch und Kohlkopf Lebensmittel in der Hand, die in

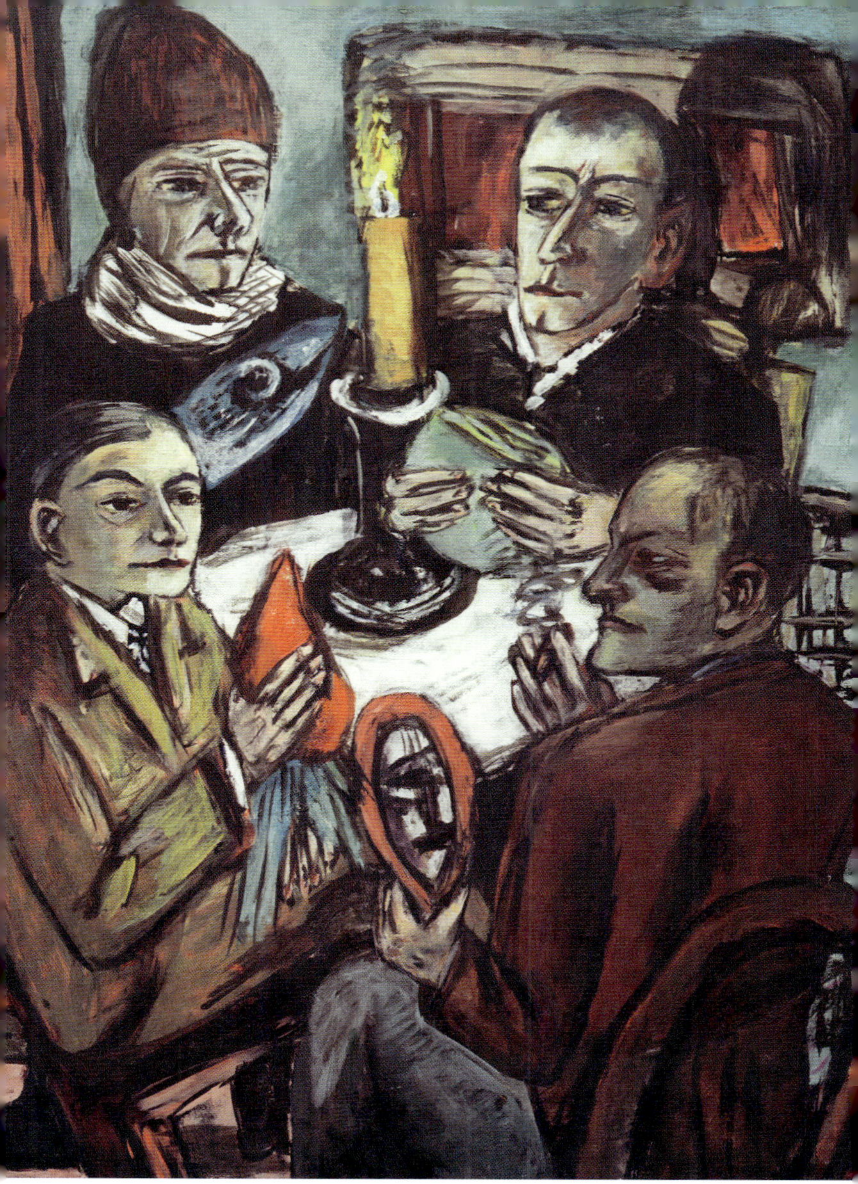

Max Beckmann, **Les Artistes mit Gemüse**, 1943, Öl auf Leinwand, 149,7 × 114,8 cm

der Kriegszeit kaum zu bekommen waren. Beckmann selbst hält einen Spiegel, in dem die Fratze einer Gottheit auftaucht. Ein Symbol des Schreckens? Die vier Freunde halten zusammen, als wären sie die vier Evangelisten einer Geschichte, deren Sinn unverbrüchlich bewahrt werden muss: jener der Freiheit des Menschen.

Die Rübe, die Vordemberge auf dem Gemälde in der Hand hält, hat die Umrisse eines Herzens. Max Beckmann verleiht dem Blick des Künstlerkollegen Versonnenheit und Tiefe. Er trifft damit den Charakter des auf den ersten Blick zurückhaltenden, in der Debatte aber meinungsstarken Vordemberge-Gildewart, der an seiner Idee einer neuen, überlegt konstruierten Bildkunst unbeirrt festhält.

„Zu Beginn unserer ersten Zusammenkünfte verriet mir Beckmann, dass er niemals gedacht habe, mit einem Kollegen in ein so enges Verhältnis zu kommen. Die völlig andere Auffassung in der Gestaltung hat dies möglich gemacht, wozu allerdings ein Ereignis als Tatsache beitrug: Schwarz als Farbe. Wir haben oft über diese Frage diskutiert", schreibt Vordemberge in seinem Erinnerungstext *Über die Begegnung mit Max Beckmann.* Es scheint, als hätten sich in der schwarzen Zeit des Krieges diese beiden Künstler gerade in der Vorstellung jenes Nullpunktes der Farbskala getroffen, von der aus wieder zum Licht hin gedacht werden kann.

„der wille, der negativen Welt etwas besseres gegenüber zu setzen", wie Vordemberge am 7. Januar 1951 an Beckmanns Witwe Mathilde „Quappi" Beckmann schreibt, hält die beiden Künstler im Exil nicht nur aufrecht, diese Idee bringt sie zusammen. Dabei verstehen sie sich ganz als gleichberechtigt. Beckmann und Vordemberge bilden mit den Künstlerfreunden Fiedler und Frommel auf dem Gemälde *Les Artistes mit Gemüse* eine konspirativ anmutende Gemeinschaft, die einen autarken Energiekreislauf bildet. Es ist die auf die Idee künstlerischer und damit ideeller Integrität gegründete Freundschaft, die es den Künstlern erlaubt, in der dunklen Zeit des Krieges und der Verfolgung die Klarheit ihres Sinns zu behalten.

Vordemberges herausgehobene Position auf dem Gemälde zeigt, dass Beckmann seinem Freund in dieser Hinsicht einiges zutraut. „sagen sie mal, vordemberge, wie leben sie eigentlich?“, soll Beckmann seinen Künstlerkollegen gefragt haben. Vordemberge-Gildewart versteht diese Frage als Rat, „als schaffender Mensch zu leben“, wie er schreibt. Nichts anderes macht Friedrich Vordemberge-Gildewart. Der Mensch, der Künstler – eine Lichtspur in der Kunst des 20. Jahrhunderts. Max Beckmann hat sie wahrgenommen.

„Holz, Holz, Holz": Handwerker in Osnabrück

Die Formel klingt wie ein beschwörendes Klopfen: „Holz, Holz, Holz". So bringt Friedrich Vordemberge-Gildewart die Welt seiner frühen Jahre in seinem *Fragment einer Autobiografie* auf den Punkt. In der dreifachen Wiederholung klingt beides an – der Stolz auf ein Handwerk als sicherem Grund der eigenen Existenz und das Bewusstsein, in einer am Ende auch begrenzten Welt aufgewachsen zu sein. Noch Jahre später ist dies einem Mann bewusst, dessen Herkunft zunächst so gar nicht auf die spätere Lebensmission vorausweist.

Avantgardist, Konstruktivist, Mitglied der Künstlergruppe De Stijl, schließlich Lehrer an der Hochschule für Gestaltung in Ulm: Nichts von all dem ist aus jener Umgebung abzuleiten, in die Friedrich Vordemberge am 17. November 1899 hineingeboren wird. Seine Eltern, der Schreinermeister Heinrich August Vordemberge und seine Frau Marie, ziehen 1893 in das Haus Große Gildewart 27 in der Osnabrücker Altstadt. Sie bekommen vier Kinder. Friedrich ist das dritte Kind, als erster Sohn dazu bestimmt, eines Tages die väterliche Schreinerei zu übernehmen.

Der Mann, der später mit präzise konstruierten Bildern das Gesicht der europäischen Avantgarde mitbestimmen wird, hört als kleiner Junge auf den Kosenamen Friedel. So wird er im Familienkreis bis an sein Lebensende am 19. Dezember 1962 weitergenannt. Vordemberge kehrt regelmäßig zu Besuchen nach Osnabrück und in das benachbarte Bad Essen zurück. Der Künstler, der mit Theo van Doesburg bestens bekannt ist, der zusammen mit Wassily Kandinsky oder Piet Mondrian ausstellt, vergisst seine Herkunft nie.

Vordemberge stammt aus der historischen Altstadt eines Ortes, der auf der Landkarte der modernen Kunst keine herausragende Rolle spielt. Der Künstler entwickelt dennoch früh ein Bewusstsein für seinen Wert und seine Unabhängigkeit. Mit der Kunst kommt er schon im Familienkreis in Berührung. Friedrich Vordemberge, so heißt nicht nur er selbst, sondern auch der zwei Jahre ältere Cousin. Der betätigt sich als Landschaftsmaler, hängt also jener Kunst an, die der Avantgardist Friedrich Vordemberge bald als gestrig und ermüdet von sich weisen wird.

DER KÜNSTLER GIBT SICH SEIN MARKENZEICHEN

Was also tun, wenn man sich unterscheiden will? Friedrich Vordemberge ergänzt seinen Namen um eine Ortsbezeichnung und nennt sich nach dem Straßennamen, in dem sein Geburtshaus steht, Vordemberge-Gildewart. Nach diesem Prinzip verfahren auch andere prominente Künstler des Jahrhunderts. Emil Hansen nennt sich nach seinem dänischen Geburtsort Nolde. Und Karl Schmidt hängt seinem Allerweltsnamen Rottluff an, den Namen jenes Ortes bei Chemnitz, in dem er zur Welt kommt. Vordemberge-Gildewart: Das klingt nach einem eigenen Markenzeichen. So funktioniert der neue Name später auch. Freunde und Kollegen kürzen ihn als VG ab.

Erst einmal bleibt es aber bei „Holz, Holz, Holz“. Vorn das Bürgerhaus mit der aufgeräumten Fassade, im Hof die Werkstatt: Vordemberge-Gildewart wächst in einer Umgebung auf, die durch ehrliche und handfeste Arbeit geprägt ist. Klopfen, hämmern, sägen, schmirgeln – Haus und Hof in der Osnabrücker Altstadt sind von den Geräuschen des Handwerks erfüllt. Es ist keine Frage, dass auch der junge Friedel genau

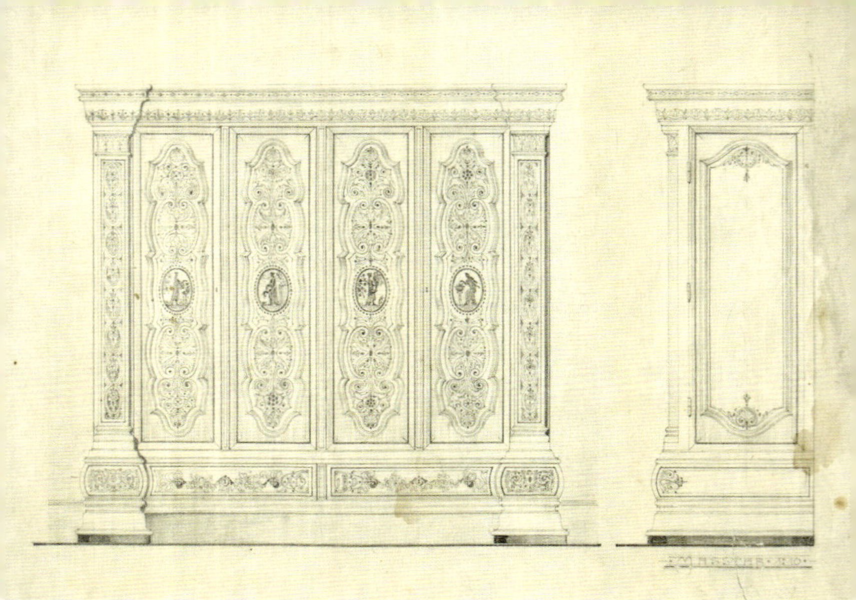

Kleiderschrank, Entwurfszeichnung, 1918

diesen Weg einschlagen wird. Er absolviert eine Tischlerlehre, allerdings nicht im elterlichen Betrieb, sondern ab 1916 in der Tischlerei Julius Schütze. Der junge Mann soll seinen Horizont weiten.

Friedrich Vordemberge-Gildewart wird später demonstrieren, wie eine neue Kunst aus dem Handwerk erwachsen kann. In seine ersten Bilder montiert der ausgebildete Tischler Halbkugeln aus Holz oder Schienen, mit denen man auf Entwurfszeichnungen Aufrisse anfertigt. Vordemberge behält sein Leben lang die Haltung eines ehrlichen Handwerkers bei. Er arbeitet nicht nur am liebsten an einem aufgeräumten Schreibtisch, er entwirft auch seine Bilder wie handwerkliche Produkte. Um sie klar gestalten zu können, müssen sie gut entworfen und präzise vermessen werden. Vordemberge versteht sich darauf. Das lernt er in der Osnabrücker Altstadt. Kunst, und erst recht moderne Kunst, lernt er da noch nicht.

MIT DER TUGEND DES EHRLICHEN HANDWERKS

1918 absolviert der junge Vordemberge seine Gesellenprüfung – mit lauter Einsen auf dem Zeugnis. Für sein weiteres Auskommen hätte problemlos gesorgt sein können. Der elterliche Betrieb ist in Osnabrück bestens eingeführt. Der Vater bekleidet Ämter in der Handwerkskammer, gehört der Prüfungskommission an, die die Kenntnisse angehender Gesellen und Meister prüft. Wohlhabende Bürger, die auf sich halten, lassen für ihre Häuser und Villen bei Vordemberge arbeiten.

Der junge Handwerker fertigt als Gesellenstück einen pompösen Kleiderschrank aus Kirschbaumholz. Er will zeigen, was er kann. Die Front avanciert mit Einlegearbeiten aus Nussbaum, Palisander, Rosenholz, Mahagoni und Perlmutt zum Paradestück einer bürgerlich selbstbewussten Wohn- und Lebens-

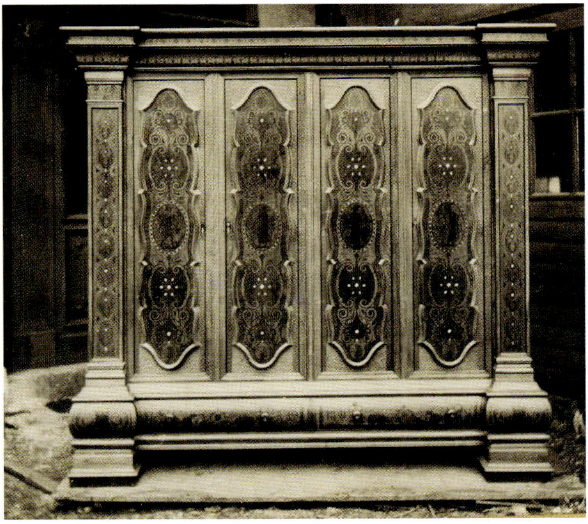

Kleiderschrank, Gesellenstück Vordemberge-Gildewarts, 1918

kultur. Vordemberge adressiert mit diesem Stück nicht allein potenzielle Kunden, sondern auch sich selbst. Der Handwerker versteht sich selbst als arriviert und zugehörig.

Der Kleiderschrank verrät bereits ein gutes Verständnis für Proportion und Raumaufteilung. Vordemberge orientiert sich an traditionellen Repräsentationsstücken, zeigt zugleich aber auch, dass er sich auf der Höhe seiner Zeit bewegt. Die vier Felder der Front weisen ein feines Jugendstil-Dekor auf, in dessen mittleren Medaillons jeweils eine weibliche Personifikation der Jahreszeiten zu sehen ist. Das ist gut gemacht, allerdings noch an den Grenzen des guten Geschmacks einer bürgerlichen, eher konservativ orientierten Schicht ausgerichtet.

Vordemberge hat sich in Osnabrück nicht nur eine genaue Kenntnis des Materials angeeignet, er hat auch eine genaue Idee und Handhabung jenes künstlerischen Genres entwickelt, das die Brücke vom Handwerk zur Malerei bilden wird: das Relief. Um 1920 fertigt er einen kleinen Schrank mit geschnitzten Türen und Seitenpfosten an. Die Darstellungen bleiben noch im Rahmen figurativer Motive. An den Seiten allerdings türmt Vordemberge bereits geometrisch abstrakte Motive zu schlanken Stelen auf. Der konstruktiv arbeitende Künstler späterer Jahre – hier deutet er sich an.

GESTALTUNG ALS UMFASSENDE AUFGABE

Vordemberge verlässt 1919 seine Heimatstadt, um in Hannover seine Ausbildung weiterzuführen. Aber im folgenden Jahr setzt er in der Kunstgewerbe-Ausstellung noch in Osnabrück ein erstes Zeichen. Nur über Dokumente lässt sich noch nachvollziehen, was der junge Mann 1920 ausstellt. Tapeten und

Druckstoffe sollen es gewesen sein, ebenso ein Bibliotheksraum und Grabmäler. Die Bandbreite belegt nicht nur, wie Vordemberge versucht, sich gleich auf mehreren Feldern kunsthandwerklicher Arbeit zu profilieren. Die Aufstellung zeigt auch jenen Zug zur Gestaltung einer umfassenden Aufgabe, der Vordemberge sein Leben lang nacheifern wird.

Die von der Osnabrücker Sektion des Dürer-Bundes ausgerichtete Kunstgewerbe-Ausstellung markiert auch in anderer Hinsicht die Geburt des Künstlers Friedrich Vordemberge-Gildewart. Der 21 Jahre alte Tischlergeselle legt sich in diesem Jahr seinen Doppelnamen wie ein Markenzeichen zu. Ob es daran liegt, dass im Kontext der gleichen Ausstellung auch der Cousin Friedrich Vordemberge seine konventionellen Landschaftsbilder zeigt?

Der neue Name wirkt bereits wie das Manifest eines Mannes, der in seinem Leben mehr sein möchte als Handwerker mit einem künftig eigenen Betrieb. Osnabrück formt Vordemberge. Was er in der Tischlerei in der Altstadt dieser Stadt lernt, legt die Grundlagen zu einem beispielhaften Werk der europäischen Avantgarde. Vordemberge-Gildewart bricht auf, um in späteren Jahren nur noch als Besucher nach Osnabrück zurückzukehren. Sein Weg führt ihn weit hinaus, aber zunächst nach Hannover.

Das Tempo der Avantgarde: Künstler in Hannover

Ein schwarzes Rechteck im Hochformat, darunter in großen Lettern: VORDEMBERGE-GILDEWART: Das Titelblatt des Gästebuchs, das Friedrich Vordemberge-Gildewart ab 1925 führt, ist Programm. Geometrie, die Farbe Schwarz und der eigene Name in Großbuchstaben – so selbstbewusst setzt sich Vordemberge in Szene. Der gerade 26 Jahre alte Künstler kann zu diesem Zeitpunkt noch nicht wissen, dass dieses Buch zu jenen sorgsam gehüteten Schätzen gehören wird, die er 1938 mit sich führt, als er gemeinsam mit seiner Frau Ilse Leda Deutschland verlässt, um nach Amsterdam ins Exil zu gehen.

Mitte der 1920er-Jahre dokumentiert das Gästebuch Vordemberges Weg, der mitten hinein in die Avantgarde führt. Zwei rote Quadrate, ein schwarzes Rechteck: Mit dieser Collage schreibt sich Theo van Doesburg als erster Beiträger in dieses Buch ein. Der niederländische Maler und Gestalter, Mitbegründer der 1917 ins Leben gerufenen Künstlergruppe De Stijl, wird in Vordemberge-Gildewart einen Gleichgesinnten erkennen und ihn einladen, Mitglied von De Stijl zu werden.

„Das war wissenschaftlicher Dadaismus“: Mit einer Formulierung, die eine ganz andere künstlerische Philosophie auf den Punkt bringt, schreibt sich Kurt Schwitters am 27. Oktober 1925 in das Gästebuch ein. Wo van Doesburg geometrisch kühl bleibt, wird Schwitters witzig und anspielungsreich. Quer über die Seite schreibt er mit hellerem Stift „LE DA“, kombiniert so das Wort Dada für **Dadaismus*** und den Namen von Ilse Leda, der Frau seines Gastgebers. Kurt Schwitters ist zu jener Zeit der eigentliche Mittelpunkt der Künstlerszene in Hannover.

Käthe Steinitz, *Lichtbildvorführung*, Porträt Vordemberge-Gildewart, 1924

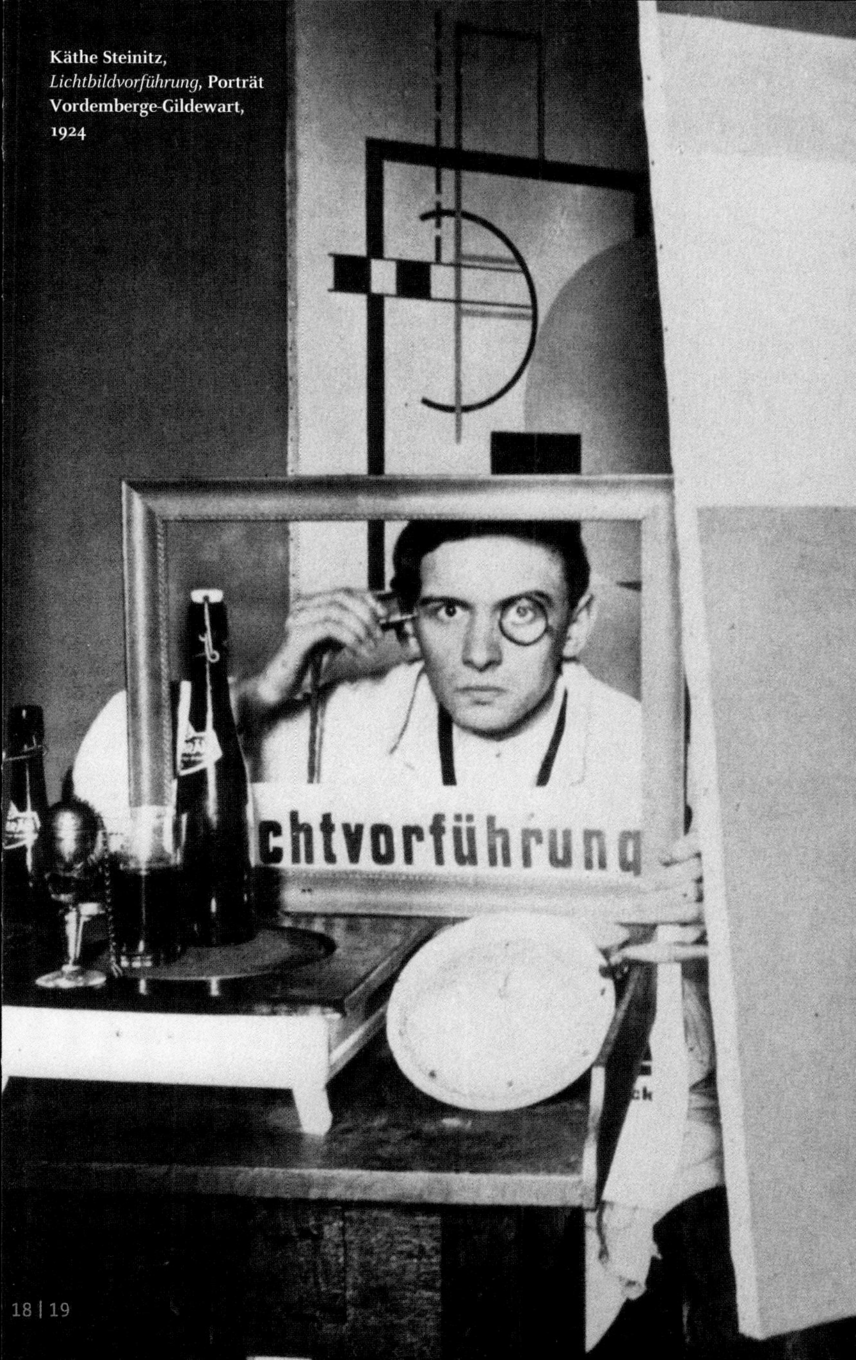

AUS DEM HANDWERKER WIRD DER KÜNSTLER

Kommt es darauf an, zur richtigen Zeit am richtigen Ort zu sein? Vordemberge-Gildewart ist genau am richtigen Ort Anfang der 20er-Jahre in Hannover. Eigentlich will er sich nur an der Kunstgewerbeschule weiterbilden. Doch sein Weg führt schnell weg von dem Studium der Innenarchitektur und mitten hinein in die freie Kunst. Vordemberge kommt in Kontakt mit dem Bildhauer Ludwig Vierthaler, der an der Hochschule unterrichtet. Vordemberge arbeitet als Meisterschüler Vierthalers an Bauplastiken, Reliefs und Brunnenentwürfen mit. Er lernt schnell. Schon zu Beginn der 20er-Jahre zeichnet er freie geometrische Kompositionen, die den Bereich der angewandten Kunst oder gar der Innenarchitektur hinter sich gelassen haben.

K 18, 1926, Öl auf Leinwand, 79 × 70 cm

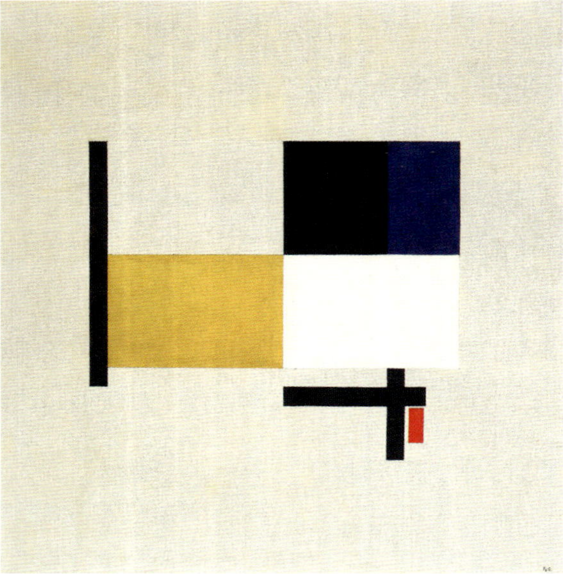

In welcher Zeit genau wird aus dem Tischler und Gestalter der Künstler Friedrich Vordemberge-Gildewart, der als Mitglied der Gruppe De Stijl unmittelbaren Anteil an der Kunst der Avantgarde haben wird? Im Rückblick wird klar, wie erstaunlich schnell jener Prozess abläuft, in dem sich Vordemberge zu einem Künstler ausbildet, der sofort seinen eigenen Stil und seine Geschwindigkeit hat, sich wie mit einem Sprung mitten im Geschehen der Avantgarde zu platzieren weiß. Die Einladung von Theo van Doesburg, einem der großen Beweger der neuen Kunst, kommt nicht von ungefähr. Er sieht in dem jungen Mann mehr als nur einen Mitstreiter. Er erkennt in VG einen Künstler mit ganz eigenem Profil.

HANNOVER – HOTSPOT DER AVANTGARDE

Dabei trifft Vordemberge in Hannover auch auf eine Situation, die ideal für einen jungen, für die Tendenzen der Zeit aufgeschlossenen Künstler ist. Die 1916 gegründete Kestner-Gesellschaft soll die neue Kunst nach Hannover bringen. Persönlichkeiten wie der Unternehmer Hermann Bahlsen und der Verleger August Madsack gehören zu den Gründerfiguren einer Gesellschaft, die sich mit ihren Ausstellungen einen legendären Ruf erwirbt. Schnell entfaltet sich ein kreatives Klima in der Stadt. Ob Max Liebermann, Paul Klee oder Wassily Kandinsky – der neue Kunstverein macht Hannover bis zu seiner temporären Schließung durch die Nationalsozialisten ab 1936 zu einem Brennpunkt der Avantgarde.

Dabei setzt die Kestner-Gesellschaft nicht nur auf das Medium der Ausstellung. Vielfältige Veranstaltungen wie Vorträge und Filmabende liefern Kunstinteressierten Möglichkeiten, sich mit den Kunstrichtungen der Avantgarde vertraut zu machen.

Die Gesellschaft legt Mappenwerke von jungen Künstlern auf. Zu ihnen gehört der russische Konstruktivist El Lissitzky, der in Hannover intensiver Fuß fassen wird. Er arbeitet in der Atelierwohnung, die ihm die Kestner-Gesellschaft zur Verfügung stellt. Der 1890 geborene El Lissitzky prägt die Kunst der Moderne mit seinen völlig neuen Raumkonzeptionen. Seine *Proun* genannten, über Eck in Räumen installierten Objektkompositionen revolutionieren die Idee der Skulptur. El Lissitzky legt eine Mappe mit Grafiken für die Kestner-Gesellschaft auf und installiert 1928 sein Kabinett der Abstrakten in der Landesgalerie Hannover.

Werkstattbuch 1, Doppelseite 32–33, mit *K 19*

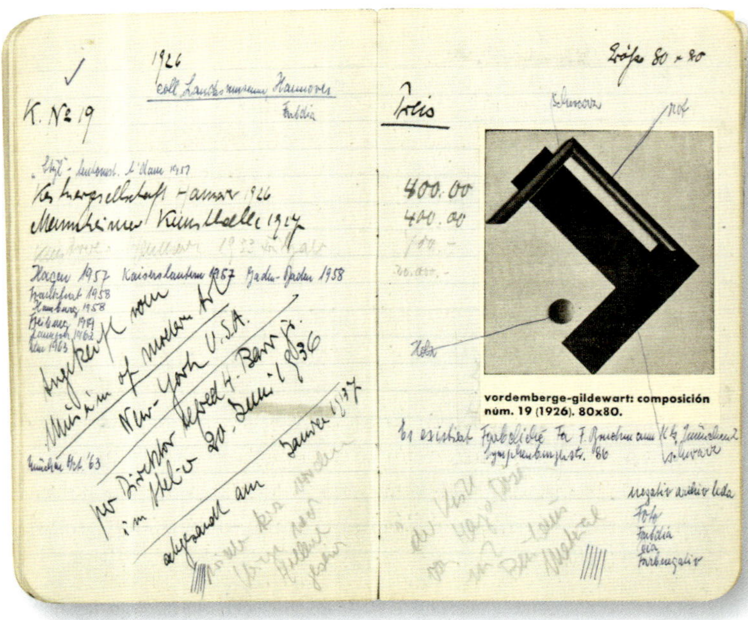

Friedrich Vordemberge-Gildewart etabliert sich schnell, auch als Nachfolger El Lissitzkys in der Atelierwohnung der Kestner-Gesellschaft. Zwischen 1923 und 1930 wird er an diesem Ort leben und arbeiten, bevor er 1930 in eine andere Wohnung an der Lister Straße in Hannover umzieht. Vordemberge ist in diesen Jahren Mittelpunkt einer vor Spannung vibrierenden Künstlerszene. Seine gestalterische Handschrift prägt auch den Look der Kestner-Gesellschaft. Unter der Direktion von Justus Bier gestaltet Vordemberge eine ganze Reihe von Katalogen des Kunstvereins. Wie eng und zugleich zukunftsweisend die Zusammenarbeit jener Jahre ist, belegt die Tatsache, dass Vordemberge und der gleichfalls von den Nationalsozialisten vertriebene Justus Bier in der Zeit ihres Exils intensiven Briefkontakt halten werden.

DAS K FÜR DIE KONSTRUKTION

Ab 1920 nennt sich der Künstler Vordemberge-Gildewart. Seit 1924 bezeichnet er seine Bilder mit dem Buchstaben K für *Konstruktion* und nummeriert sie konsequent durch. Mit seinem Lebensende 1962 wird er bei der Nummer 223 angelangt sein. Vordemberge-Gildewart führt, von seiner Frau Ilse Leda unterstützt, eine fortlaufende Dokumentation seiner eigenen Werke. In dem entsprechenden Büchlein ist für jedes Bild eine Doppelseite reserviert. Auf der einen Seite wird das Bild selbst skizziert und mit Angaben zu seinen Maßen versehen, auf der anderen Seite eingetragen, wie und wo das Werk präsentiert worden ist. Der Künstler mit der akkuraten Buchführung – auch das ist Friedrich Vordemberge-Gildewart – der Gestalter, der künstlerisch filigran arbeiten konnte, dabei aber immer bodenständig wie ein Handwerker geblieben ist.

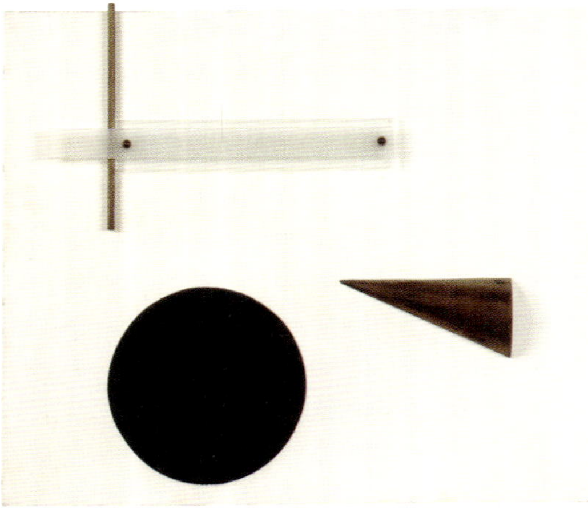

K 7, 1924, Glas und Metall auf Holz, 50 × 60 × 5 cm

Schon in seinen frühen Bildern demonstriert Vordemberge-Gildewart, wie schnell er sich vom Möbeltischler zum Avantgardisten entwickelt hat. Das Bild *K 7* zeigt eine radikal leergeräumte Fläche, auf der nicht nur Kreis, Winkel und Kegel als geometrische Grundformen inszeniert, sondern auch Holz, Glas und Metall als Materialien in Beziehung gesetzt sind. Indem er Aufrissschiene und Metallkegel auf das Bild montiert, macht Vordemberge klar, wie er die Bildfläche sieht – nicht als Raum für eine Wirklichkeitsillusion, sondern als Arena für eine Montage. Damit wird sichtbar, dass Vordemberge den **Kubismus*** bereits als gegeben voraussetzt. Er geht aber einen Schritt weiter: Die Elemente, die er auf der Bildfläche anordnet, verweisen auf keine Wirklichkeit mehr. Sie sind keine Abstraktion. Sie sind selbst wirklich, konkret.

„Gestalten! Und nicht malen, modellieren, schwätzen oder dösen. Gestalten! Als *heutiger* Mensch. Ohne Rücksicht auf Großväter und Zukunft“: Das zweifache „Gestalten!“ setzt Vordemberge wie einen Weckruf an den Anfang seiner Schrift *Gruppe K* von 1924. Vordemberge beherrscht ihn sofort, den drängenden, ja mitunter aggressiven Ton der Künstlermanifeste des frühen 20. Jahrhunderts. Weg mit dem Alten, her mit dem Neuen. Die Epoche der Zwanziger setzt auf Innovation und Tempo. Es geht vorwärts, gerade in den Kreisen der Avantgarden. Künstler gehen voran. Sie erobern die neue Zeit. Ihre Kunst bildet nicht ab, sondern formt, was kommen soll. „Konstruktion. Unser Jahrhundert!" Deshalb setzt auch Vordemberge auf Geschwindigkeit, räumt ab, was war und noch Geltung beansprucht. Die neue Kunst kann sich nur in der Reduktion verwirklichen. „Gestalten – Konstruieren! Mit den klarsten und knappsten Mitteln." So setzt auch Vordemberge auf einen neuen Purismus.

Erstaunlich bleibt aus heutiger Sicht, mit welcher Geschwindigkeit der junge Mann aus Osnabrück seine Kunst und ihre Formensprache findet. Wie schnell er in seinen Schriften seinen Ton, in seinen Bildern sein Idiom zu artikulieren weiß. Andere Künstler kämpfen sich durch die Versuchsstadien eines ganzen Frühwerks. Nicht so Vordemberge-Gildewart. Sicher, er absolviert seine Ausbildung, kommt als Mitarbeiter Ludwig Vierthalers voran. Sein Lerntempo nimmt sich dennoch atemberaubend aus, ebenso wie seine Fähigkeit, die ihm gemäße Kunst umgehend zu entwickeln und auszubilden. Vordemberge-Gildewart ist sofort VG: Hannover erlebt den kometenhaften Aufstieg eines Künstlers, der seine einmal gefundene Bildsprache beibehalten, das qualitative Niveau unbeschadet aller Veränderungen halten wird.

Das Bild *K 19* zeigt mustergültig, auf welcher gestalterischen Höhe der junge Künstler sich befindet. In das quadratische Bildformat schreibt er eine Formation ein, die aus drei Elemen-

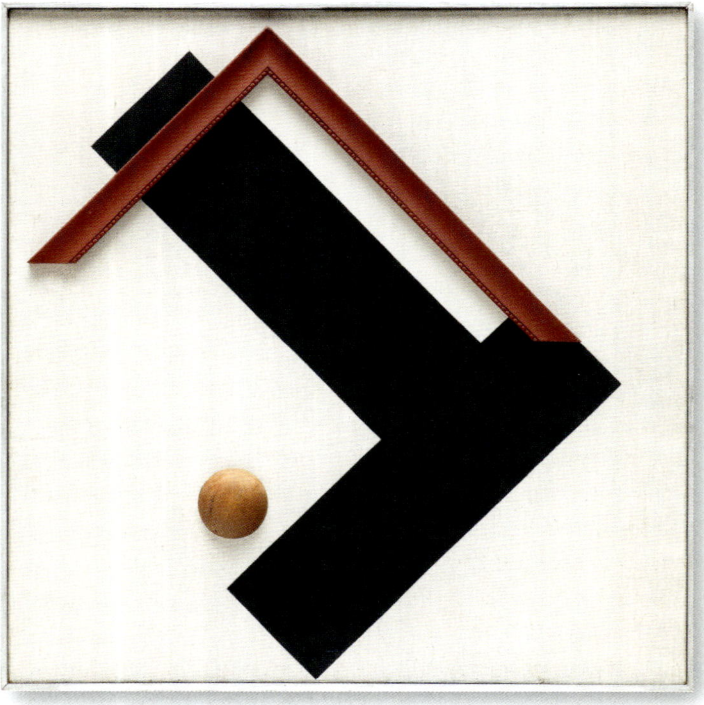

K 19, 1926, Öl, Bilderrahmenfragment und Holzkugelsegment auf Leinwand, 80 × 80 cm

ten besteht: Dem schwarzen Umriss in Form einer Aufrissschiene, dem Fragment eines Bilderrahmens in Rotbraun und einer Halbkugel in braunem Farbton. Wieder montiert Vordemberge auf seine Bildfläche Objekte, die die Idee der Konstruktion direkt anschaulich machen, einmal als geometrische Idealform der Kugel, zum anderen als rechter Winkel. Beide Bildelemente verweisen auf keine Wirklichkeit außerhalb des Bildes. Sie stehen nur für eines – die Konstruktion einer harmonisch ausbalancierten Bildkomposition selbst.

Wie genau dies bei *K 19* zutrifft, wird schnell klar. So trifft die obere Ecke des Bilderrahmens die obere Bildkante genau im

Wir stehen bekanntlich an dem Punkt, wo die Kunst endgültig aufgehört hat, irgendeine feudale, unterhaltende, schmuckhafte Aufgabe erfüllen zu müssen.

Der absolute Film, 1925

Punkt des **Goldenen Schnitts***. Die Entsprechung findet sich an der unteren Bildkante dort, wo der Umriss der schwarzen Fläche mit seiner Spitze auf die Bildkante trifft. Auch hier wird nahezu genau der Goldene Schnitt getroffen. Die ganze Konstruktion balanciert gleichsam auf den Punkten jenes alten Harmoniegesetzes, das Goldener Schnitt genannt wird. Die gesamte Komposition erweist sich als ausgewogen aufgebaut. Die Bildmotive sind harmonisch gewichtet. Vordemberge stellt seine ganze Konstruktion zudem auf die Spitze. Sie gewinnt dadurch Leichtigkeit und Brillanz.

MIT DER *GRUPPE K* GEHT ES LOS

„Die Kunst unserer Zeit ist streng und sachlich. Sie verschmäht das Beiwerk, Linie und Fläche geben Form und Ausdruck. Sie ist in der Gestaltung herbe; aber dahinter fühlt man die sausende, dunkle Phantastik der Maschinen und Motoren aufzucken": Kein anderer als Erich Maria Remarque schreibt den Text zu dem Katalog, mit dem sich Friedrich Vordemberge-Gildewart und Hans Nitschke 1924 als Gruppe K präsentieren. Die neu gegründete Gruppe stellt in der Kestner-Gesellschaft aus. Vordemberge feiert mit dieser Präsentation seine Premiere als Künstler, der mit einer Ausstellung sichtbar wird. Der Ort der Präsentation passt bestens zu seinem schnellen Start in die eigene Karriere.

Erich Maria Remarque wird seinen Weltbestseller, den Antikriegsroman *Im Westen nichts Neues*, erst 1929 publizieren. Als der nur ein Jahr jüngere Vordemberge 1924 in der Kestner-

Gesellschaft ausstellt, arbeitet Remarque noch für Firmenzeitungen der Continental AG in Hannover. Die Stichworte der neuen Kunst hat er trotzdem gelernt. Maschinen und Motoren: Vordemberge-Gildewart versteht sich als „Zeitgenosse der Maschine und des Elektrischen Jahrhunderts“, wie er 1925 in *Der absolute Film* schreibt.

Der Künstler zeigt damit, dass er das Grundgesetz der Avantgarde schnell verinnerlicht hat. Die Kunst der neuen Zeit nimmt keine Rücksicht mehr auf hergebrachte Funktionszuschreibungen. Sie will kein Dekor mehr sein, sie bezieht sich auf keine außerhalb ihrer selbst liegende Wirklichkeit mehr. Und sie enthält sich jeder Unterhaltung. Die Kunst der Avantgarde will auf der Höhe der eigenen, mechanisierten Zeit operieren. Der kühle und sachliche Gestus – Vordemberge kultiviert ihn als Attitüde einer Generation und als Signatur einer ganz persönlichen Haltung. Vordemberge-Gildewart spricht nicht

K 35, 1927, Öl auf Leinwand mit Teil einer montierten Holzkugel, 26 × 40 cm

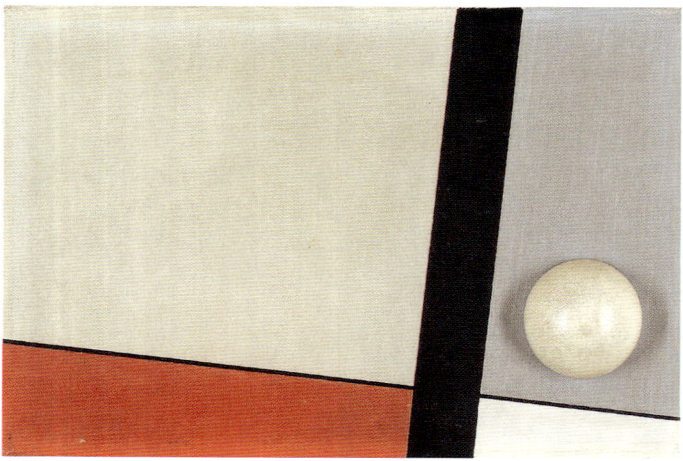

Friedrich Vordemberge-Gildewart und Joachim Ringelnatz vor der Villa von Herbert von Garvens, Hannover, 28.2.1928

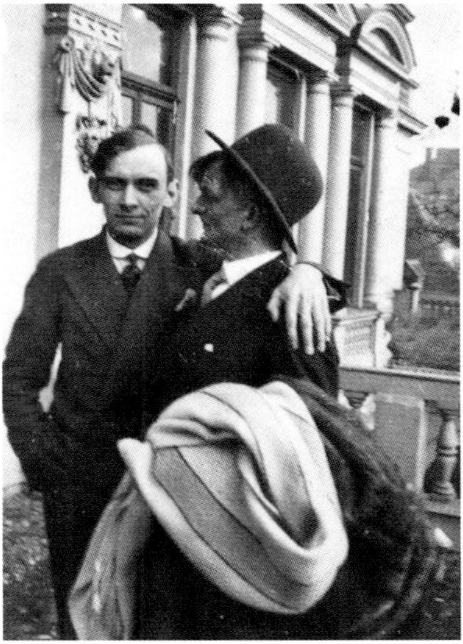

nur das Idiom der Avantgarde und gestaltet Bilder, die als kühle Konstruktionen exakt in den aktuellen Kunstkontext passen. Er fügt sich Mitte der 20er-Jahre des 20. Jahrhunderts auch sehr erfolgreich in die Netzwerke der neuen Kunst ein. Dabei ist seine Position von Anfang an klar. Vordemberge steht Expressionisten oder Surrealisten distanziert gegenüber. Seine Kunst soll weder subjektiver Ausdruck noch Spiel mit der Doppelbödigkeit des Wirklichen sein. Seine Bilder zeigen eine Wirklichkeit von eigenem Recht. Diese Wirklichkeit ist nicht als abstrakt zu verstehen, sie ist konkret. Diese Wirklichkeit steht für sich selbst.

VORDEMBERGE-GILDEWART ETABLIERT SICH

Es ist beeindruckend, wie rasant VG seine Kunst entwickelt und sich im gleichen Augenblick nachhaltig in der Kunst der Zeit etabliert. Die Gruppe K ist schnell gegründet und als Episode auch ebenso schnell wieder hinter sich gelassen. Vordemberge bleibt niemals lange allein. Er verkehrt mit dem Dichter Joachim Ringelnatz. Mit Kurt Schwitters und Carl Buchheister gründet er 1927 die Gruppe *die abstrakten hannover*. Als El Lissitzky seinen Demonstrationsraum der neuen Kunst einrichtet, ist auch Vordemberge mit einem Bild, mit *K 21* vertreten. In Hannover nimmt die Kunst der Moderne Fahrt und Geschwindigkeit auf – und Vordemberge-Gildewart mit ihr.

Und wie steht der junge Künstler zum **Bauhaus**[*]? Die 1919 gegründete Kunsthochschule hätte auch für Vordemberge eine Adresse sein müssen. Auf den ersten Blick jedenfalls. Und in der Tat, Vordemberge besucht das Bauhaus in Weimar 1923, lernt dabei Oskar Schlemmer, den Erfinder des *Triadischen Balletts*, kennen und Johannes Itten, den ersten Meister des Vorkurses am Bauhaus. Vordemberge bleibt jedoch auf Distanz. Ein Wechsel nach Weimar ist für ihn offensichtlich nicht in Frage gekommen.

Ob es an der Verbindung von Kunst und Gestaltung lag? Der junge Mann aus Osnabrück entwickelt jedenfalls zunächst eine freie Kunst, die für sich selbst steht. Die Idee einer mit der Industrie und ihrer Fertigung verbundenen Gestaltung scheint ihm zu jener Zeit ferngelegen zu haben. Der Konflikt zwischen freier Kunst und angewandter Gestaltung, er bleibt für VG eine Sollbruchstelle. Das wird sich auch zeigen, als Vordemberge ab 1954 für die Hochschule für Gestaltung in Ulm aktiv werden und ein Außenseiter bleiben wird, weil er auf der Idee einer freien, keiner Anwendung untergeordneten Kunst beharren wird.

Um 1925 wendet sich Vordemberge aber wohl vor allem deshalb nicht dem Bauhaus zu, weil eine andere Künstlergruppe und ihre leitende Idee für ihn die stärkste Anziehungskraft entfaltet: De Stijl. Dieser Begriff gab einer Künstlergruppe aus den Niederlanden ihren Namen. Er diente auch als Titel der gleichnamigen Zeitschrift, die zwischen 1917 und 1931 erschien. De Stijl ist in einem Punkt mit dem Bauhaus verwandt – und darin seine Konkurrenz: Die Bewegung stellt einen totalen Anspruch. Der Stil dieser Gruppe gestaltet alles, vom

Bucheinband bis zum Haus. Er gibt der modernen Welt einen neuen, einen kühl reduzierten Look.

DIE GRUPPE DE STIJL UND IHRE PHILOSOPHIE

Die Künstler dieser Gruppe, allen voran Piet Mondrian, bauen ihre Bilder aus geometrischen Grundformen wie Rechtecken und Kreisen auf. Sie reduzieren die Farbpalette auf die Primärfarben Gelb, Rot und Blau und nehmen noch Weiß und Schwarz sowie das Grau als deren Mischungsverhältnis hinzu. Die absolute Reduktion der bildnerischen Mittel, dazu die geometrisch exakte, ja durchgerechnete Bildkomposition: Dieses gestalterische Ideal teilt Vordemberge-Gildewart mit der Gruppe De Stijl. Die niederländische Gruppe mit Piet Mondrian und Theo van Doesburg an der Spitze revolutioniert die Kunst des 20. Jahrhunderts mit der Konsequenz, ja dem Rigorismus ihrer Gestaltungsprinzipien.

Ich will die Ordnung, keine Freiheit vom Zufall. Das Kunstwerk entsteht durch Errechnung.

Raum – Zeit – Fläche, 1923–1926

„Das reine Ausdrucksmittel der Malerei ist Farbe (positiv) und Nichtfarbe (negativ). Der Maler drückt seine ästhetische Erfahrung durch Verhältnisse von Farbflächen zu unfarbigen Flächen aus", schreibt Theo van Doesburg in seiner Schrift *Grundbegriffe der neuen gestaltenden Kunst,* die 1925 in der Reihe der *Bauhausbücher* erscheint. Van Doesburgs Plädoyer gilt einer Kunst als Mittel für ein neues Bewusstsein. Betrachter sollen nicht passiv rezipieren, sondern in der Wahrnehmung der Kunst aktiv mit- und nachgestalten. Die Kunst der Avantgarde, sie will nichts anderes schaffen als den neuen Menschen für ein neues Zeitalter.

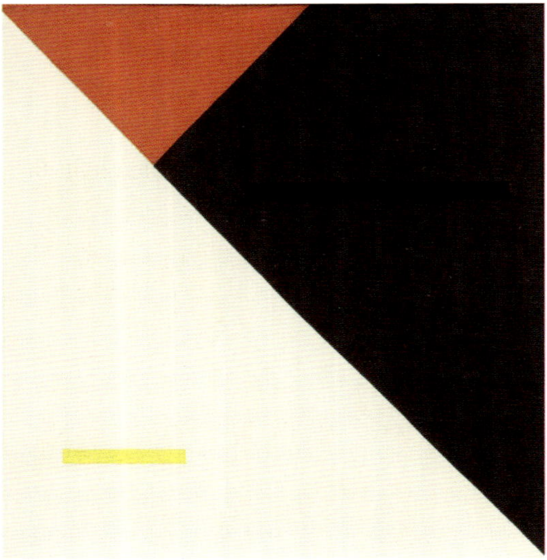

K 86, 1934,
Öl auf Leinwand,
60 × 60 cm

Als Theo van Doesburg sein Manifest einer neuen Kunst publiziert, erhält er auch einen Brief von Friedrich Vordemberge-Gildewart. Der junge Künstler schreibt ihm mit dem Briefkopf der Gruppe K. Anfangs korrespondiert van Doesburg noch mit Vordemberge-Gildewart und Nitschke. Später wendet er sich vor allem an VG, in dem er schnell einen Gleichgesinnten erkennt. Kaum hat van Doesburg einige frühe Bilder Vordemberges gesehen, trägt er ihm schon die Mitgliedschaft in der Gruppe De Stijl an. Der Briefwechsel mit Theo van Doesburg wird bis zu dessen Tod und darüber hinaus mit seiner Frau Nelly geführt werden.

De Stijl prägt Vordemberge-Gildewart für sein Leben als Künstler. Der Grund für diese nachhaltige Wirkung ist einfach zu benennen. Die Ideen der niederländischen Gruppe trafen sich ideal mit jenen Vorstellungen einer neuen Kunst, die Vordemberge in Hannover entwickelte. Noch in seinem Todesjahre 1962 hält Vordemberge Rückschau auf De Stijl in einem

Vortrag, den er in Leverkusen auf Schloss Morsbroich hält. Er berichtet von „heissen Debatten", die die Mitglieder der Gruppe Mitte der 20er-Jahre rund um ihre Ausstellungen ausfechten. In seinem Vortrag ergreift Vordemberge nicht nur noch einmal Partei für die Gruppe, er nimmt sie auch gegen Gerüchte und falsche Zuschreibungen in Schutz. Für Vordemberge ist die Gruppe beides – einmal unverzichtbarer Impulsgeber für die junge Kunst der Avantgarde, auf der anderen Seite aber auch Wagenburg einer neuen Orthodoxie.

Es zeichnet Friedrich Vordemberge-Gildewart aus, dass er nicht nur Gruppenmitglied und Parteigänger ist, sondern sich in den ideologisch zugespitzten Kämpfen der Avantgarde seine Unabhängigkeit bewahrt. Während sich Theo van Doesburg und Piet Mondrian über die Frage von Diagonale und rechtem Winkel zerstreiten, bleibt Vordemberge ruhig und beobachtend. „Diagonale Gestaltung als Gegensatz zur vertikalen Haltung des Betrachters, das ist ein bei Mondrian völlig übersehener Spannungskontrast", schreibt Vordemberge in seinem Rückblick auf De Stijl. Er ergreift damit nachträglich nicht nur die Partei van Doesburgs, sondern verweist auch auf jene Grundidee der Diagonale, die er in seinem Werk weiterverfolgen wird. Vordemberge-Gildewart ist stolz darauf, Mitglied einer „supra-nationalen Bewegung" zu sein. Ein bloßer Mitläufer ist er bei De Stijl jedoch nicht. Er bezieht eine eigene Position, nicht nur in den Debatten, sondern auch am Arbeitstisch. Seine Kunst spricht ihr eigenes Idiom. Das macht sie in der Kunst des 20. Jahrhunderts so unverwechselbar.

Reine Kunst: Was ist Konstruktivismus?

Schwarzes Quadrat auf weißem Grund: Der Titel des Bildes von Kasimir Malewitsch klingt nüchtern. Doch dieses Kunstwerk ist ein Donnerschlag in der Kunst der frühen Moderne. 1915 markiert der russische Künstler mit dem schlichten schwarzen Quadrat den Nullpunkt einer Kunst, die weiter vorankommen will als alles, was zuvor in das Format des Bildes gebracht worden ist. Die ganz neue Kunst soll es sein, eine Kunst, die alle Bedingungen des Wirklichen hinter sich lässt.

Bilder zeigen nichts mehr, sie funktionieren als Konstrukte aus Elementen, die nichts abbilden, die nichts zeigen als sich selbst: Geometrische Grundformen wie Quadrate, Kegel und Kreise, die auf die Primärfarben Rot, Gelb und Blau reduzierte Farbpalette sowie Schwarz und Weiß. Kunst soll nicht mehr unterhalten, nicht mehr abbilden oder Gefühle beschreiben. Sie soll eine eigene Wirklichkeit konstruieren, die auf der Höhe der neuen Zeit der Wissenschaft und der Technik ist.

Diesem puristischen Geist der Reduktion entspricht das neue Bild von der Rolle des Künstlers. Konstruktivisten inszenieren sich nicht mehr als Außenseiter der Gesellschaft, sondern als deren Ingenieure, ja Pioniere. Sie wollen vorangehen auf dem Weg zu einer neuen Gesellschaft, die ebenso rational konstruiert sein soll wie die Bilder dieser Kunstrichtung.

Künstler wie Malewitsch, El Lissitzy oder Wladimir Tatlin treiben den Konstruktivismus in Russland voran. Daneben entwickelt sich die Bewegung De Stijl in den Niederlanden um Theo van Doesburg und Piet Mondrian zur zweiten großen Sammlungsbewegung in Europa. De Stijl umfasst alles – Kunst

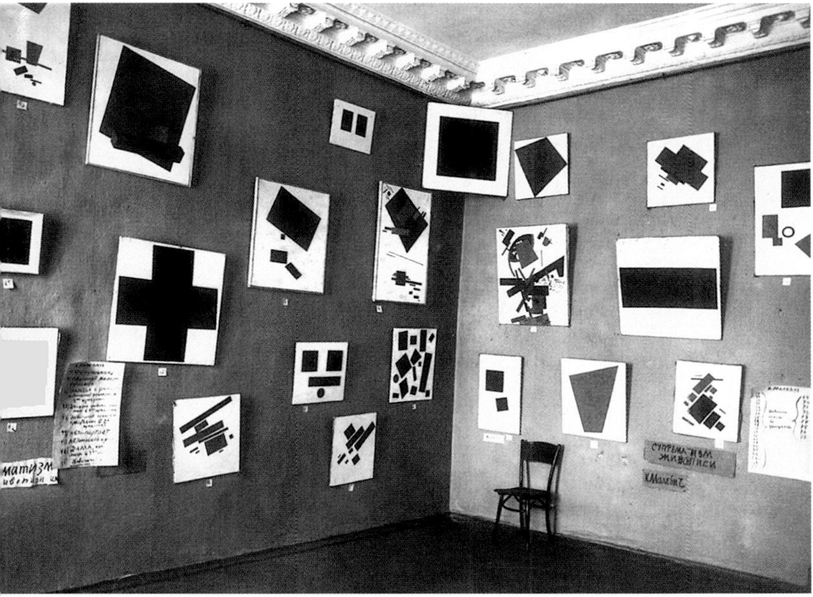

0,10 – Die letzte futuristische Ausstellung der Malerei, Petrograd, Winter 1915–1916.
Das **Schwarze Quadrat** hängt in der oberen Raumecke.

und Design, Gestaltung und Architektur. Eine solche Totalkunst lässt sich nicht mehr eingrenzen auf Ästhetizismus oder die Idee des Schönen.

Der Konstruktivismus sollte und wollte eine Zeitenwende markieren. In ihren Manifesten grenzten sich die Künstler dieser Bewegung von jeder Tradition rigoros ab. Mondrians geometrische Bilder oder das Rietveld-Haus in Utrecht, ein weißer Bau aus klaren Kuben, stehen bis heute beispielhaft für den Konstruktivismus.

Als Mitglied der Gruppe De Stijl hat auch Friedrich Vordemberge-Gildewart Teil an dieser Bewegung, die die Kunst der Moderne von Grund auf prägen sollte. Seine Bilder atmen den gleichen Geist wie die Kunst dieser Stilbewegung.

Von Hannover nach Paris: Jahre des Erfolgs

Friedrich Vordemberge-Gildewart etabliert sich schnell in der Kunst der frühen Moderne und in den Netzwerken seiner Zeit. Künstlerisch nimmt er nicht nur mit seinen Gemälden rasch Fahrt auf, er etabliert sich auch zunehmend als Gestalter. Schon 1923/24 entwirft Vordemberge ein Landhaus in jener Architektursprache, die später als **International Style*** die Baukunst des 20. Jahrhunderts prägen wird. Auch wenn sein Entwurf niemals verwirklicht werden wird, so zeigt er bereits eine Reife, die erstaunen kann.

Vordemberge-Gildewart nimmt in den 20er-Jahren in Hannover Tempo auf. Er gründet 1927 nicht nur die Künstlervereinigung die abstrakten hannover mit, sondern wird auch Mitglied

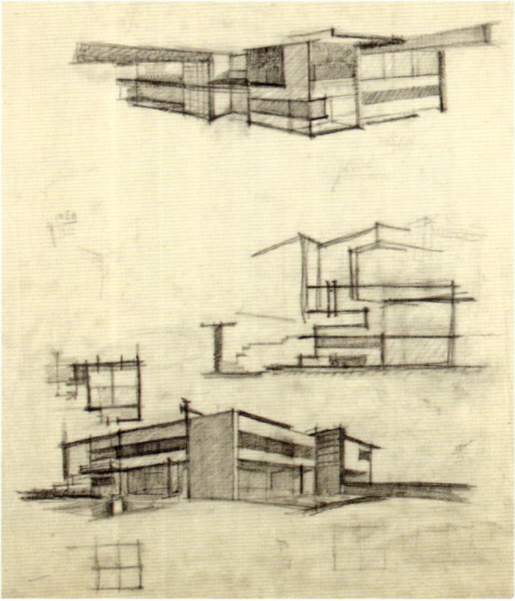

Entwurf für ein Landhaus bei Hannover, 1923/24, Zeichnung

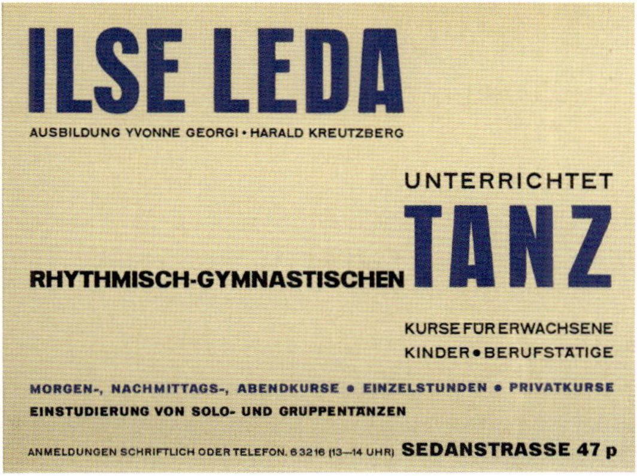

Werbeplakat
Ilse Leda unterrichtet rhythmisch-gymnastischen Tanz, 1929

im Ring neue Werbegestalter. Der junge Künstler avanciert schnell zu einem gleichfalls brillanten Gestalter, der die Mittel der Typografie perfekt beherrscht. Das beste Beispiel bietet das Werbeplakat, das er 1929 für Ilse Leda gestaltet.

Die junge Tänzerin lernt er in jenen Jahren kennen und wird sie 1932 heiraten. Die 1906 in Hannover als Tochter eines jüdischen Fabrikanten geborene Ilse Leda absolviert zwischen 1927 und 1929 ihre Ausbildung bei Schülern der legendären, gleichfalls aus Hannover stammenden Mary Wigman. Sie wird den **Ausdruckstanz*** als zentrales Paradigma der Tanzkunst des 20. Jahrhunderts nachhaltig prägen. Ilse Leda macht sich 1929 mit einem eigenen Studio in Hannover selbstständig. Vordemberge-Gildewart gestaltet ihr ein Plakat, das gestalterische Perfektion und ein gutes Gespür für den Zeitgeist vereint.

EIN WERBEPLAKAT FÜR DIE GELIEBTE TÄNZERIN

„Ilse Leda unterrichtet Tanz“: Die zentrale Botschaft des Plakats fällt sofort ins Auge. Vordemberge versteht es meisterhaft, die Aufmerksamkeit des Betrachters zu lenken. Er setzt den Namen seiner Freundin und das Wort *Tanz* in den größten, zudem blau gehaltenen Buchstaben auf ein ruhiges Beige. Das Wort *unterrichtet* platziert er auf dem größeren Wort *Tanz*. So ist die zentrale Werbebotschaft perfekt transportiert, abgestimmt auf ein Publikum, das sich gerade daran gewöhnt, im Kontext des modernen Großstadtlebens Informationen in einer schnelleren Taktung wahrzunehmen.

Vordemberge-Gildewart stellt die Bindestrichkombination rhythmisch-gymnastischen nach links aus und fettet zudem diese Buchstaben. Er verweist damit auf Ilse Ledas wichtigste, in zwei Richtungen ausgebildete Qualifikation. Ihre Aktivität umfasst den Tanz und damit die Kunst ebenso wie die Gymnastik und den Sport. Das trifft exakt den Zeitgeist einer Epoche, in der Frauen mit Kurzhaarfrisur ihren Körper neu entdecken und sportlich aktiv werden. Ob das Bauhaus oder Hannover – dieser Zeitgeist ist längst zum Signum einer ganzen Epoche avanciert. Vordemberge weiß das nicht nur, er vermag das auch perfekt in Werbegrafik umzusetzen.

Der Künstler zeigt sich mit diesen und weiteren Arbeiten auch als Experte für visuelle Kommunikation. Er bildet in Hannover jene Fertigkeiten und Kompetenzen aus, die ihn später für die Hochschule für Gestaltung in Ulm qualifizieren. Mit der Gründung der Hochschule 1954 wird er dort Typografie und Visuelle Kommunikation unterrichten.

In Hannover fertigt er in den 20er-Jahren sogar Fotocollagen. Das Medium liegt gleichfalls im Trend. Vordemberge hat eine präzise Wahrnehmung für die medialen Revolutionen der Zeit. Er gestaltet auch Umschläge für Bildbände des berühmten Fotografen Albert Renger-Patzsch. In seiner 1929 publizierten Schrift *optik – die grosse mode* reflektiert er das Aufkommen der Fotografie und das neue Verhältnis von Bild und Wirklichkeit. In der Fotografie erkennt er einen Verbündeten, weil sie genau jenes illusionslose Verhältnis zur Realität etabliert, das auch Vordemberge favorisiert.

Die „kamera ohne pardon" entwickelt ihr „eigengesetz", schreibt Vordemberge. Zugleich zieht er eine klare Trennlinie zwischen Fotografie und Kunst. Er stellt fest, dass der Fotograf „präziser chronist, aber niemals schöpfer" sein könne. Vordemberge folgt dieser Einsicht und handelt konsequent. Fotocollagen und ähnliche Arbeiten nimmt er nicht in das eigene Werkverzeichnis auf. Bereits in dieser Phase seines Werks wird jener latente Konflikt sichtbar, der ihn sein Leben lang beschäftigen wird: der Konflikt zwischen freier Kunst und angewandter Gestaltung. In Ulm wird Vordemberge-Gildewart seine Kunst weiterführen – im Kontext einer Hochschule, die keine Ausbildung von Künstlern vorsah.

WIE VORDEMBERGES KUNST FREIER WIRD

Der Künstler Vordemberge-Gildewart macht in jener Zeit große Fortschritte. Zu Beginn der 1920er-Jahre montiert er noch Bilderrahmen und Holzkugeln auf seine Bildflächen. Diese Arbeitsweise verliert sich nach und nach. Allenfalls eine weiße Holzkugel ist noch auf einem Bild zu sehen. Vordemberge klärt seine Bildwelt ab, reduziert sie auf Farbe und Fläche – und Maßverhältnisse.

Das Bild *K 41* weist wieder das von dem Künstler in dieser Zeit mehrfach eingesetzte quadratische Format von 80 mal 80 Zentimetern auf. Vordemberge spannt in die geometrische Grund-

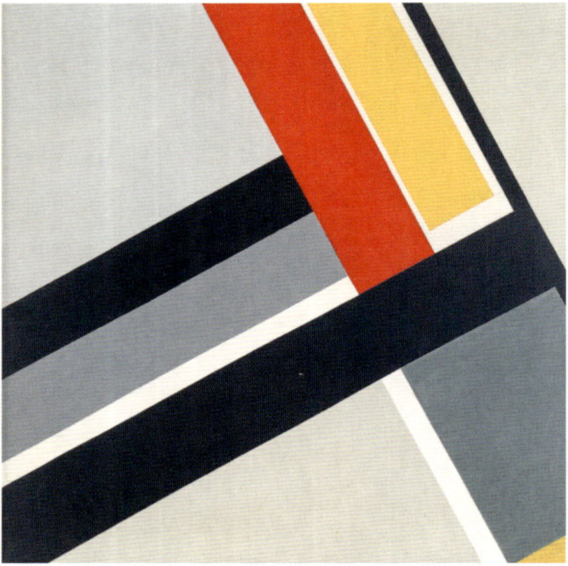

K 41, 1927, Öl auf Leinwand, 80 × 80 cm

rechte Seite:
K 70, 1932, Öl und versilbertes Holzrahmenprofil auf Leinwand, 60 × 80 cm

form des Quadrats eine dynamische Diagonalkonstruktion. Rot und Gelb leuchten die beiden Farbbahnen in der oberen Hälfte des Bildes. Das Blau leuchtet hingegen etwas weniger stark. Zusammen ergeben diese Farbtöne die drei Primärfarben, die in der konstruktiven Kunst immer wieder als grundlegende Trias eingesetzt werden. Auch in der Kunst und Gestaltung der Gruppe De Stijl, der Vordemberge in der Zeit, in der das Bild *K 41* entsteht, bereits angehört, bilden die drei Primärfarben die unumgehbare Basis jeder Bildgestaltung.

Auf der Bildfläche von *K 41* treten zu den Primärfarben Schwarz und Weiß hinzu. Vor allem die schwarzen Bahnen bilden eine starke konstruktive Rahmung jener Farbenergien, die vor allem das Rot und das Gelb entfalten. Parallel zu den schwarzen Flächen etabliert der Künstler parallele Züge in Weiß. Sie kontrastieren mit dem Schwarz, steigern noch dessen Wirkung. Die beiden Bahnen in Rot und Gelb berühren

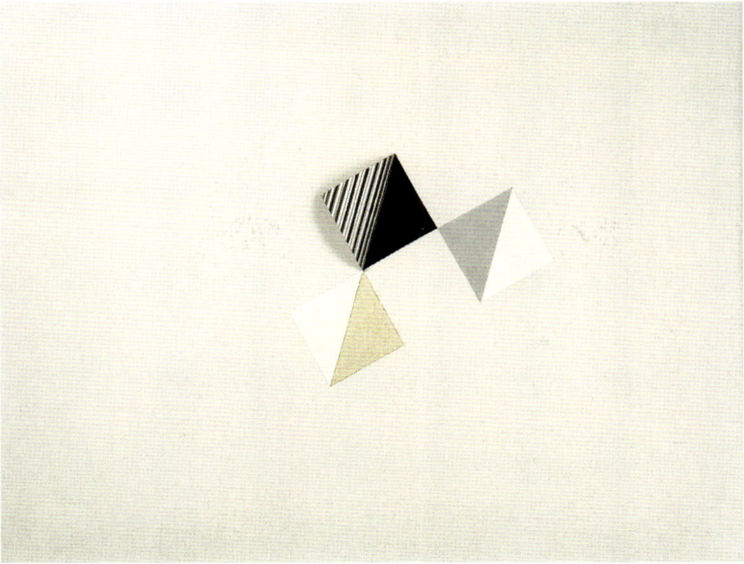

die obere Bildkante im Goldenen Schnitt. Farbwirkung und Harmoniepunkt steigern sich gegenseitig in ihrer Wirkung.

Wie sich ein Bild ebenso raffiniert, dafür aber weniger wuchtig konstruieren lässt, demonstriert Vordemberge mit seinem Bild *K 70* von 1932. Der Künstler reduziert die Farbpalette deutlich. Die Primärfarben fehlen ganz. Dafür dominieren Schwarz und Weiß, Grau und Beige in einer Konstruktion aus drei Rhomben, die auf der leeren Bildfläche wie Drachen am Himmel zu schweben scheinen. Vordemberge baut seine Farbkomposition aus der Polarität von Hell und Dunkel – ebenso wie aus dem Gegensatz der Dreiecke, aus denen jeder der drei Rhomben zusammengesetzt ist. Farben und Formen mögen kontrastieren. Sie bilden zugleich ein Gefüge, das sich in seiner Polarität in der Schwebe hält. Im Hinblick auf *K 70* darf das Wort von der Schwebe wörtlich genommen werden.

EIN STILLER STAR DER MODERNE

Friedrich Vordemberge-Gildewart hat sich in den Jahren, die zwischen diesen beiden Bildern liegen, vollkommen etabliert. Er hat seine Bildsprache voll ausgeprägt, findet sich in ein Netzwerk eingefügt, das ihn trägt und bestätigt. Um 1930 befindet sich seine Kunst auf einem ersten Höhepunkt. Er zeigt seine Werke nicht nur in Deutschland, sondern auch in Italien und ist in Paris präsent. 1932 kommen für ihn privates Glück und künstlerische Erfüllung zusammen. Er heiratet Ilse Leda und gehört zu den Gründungsmitgliedern der Gruppe abstraction – création in Paris.

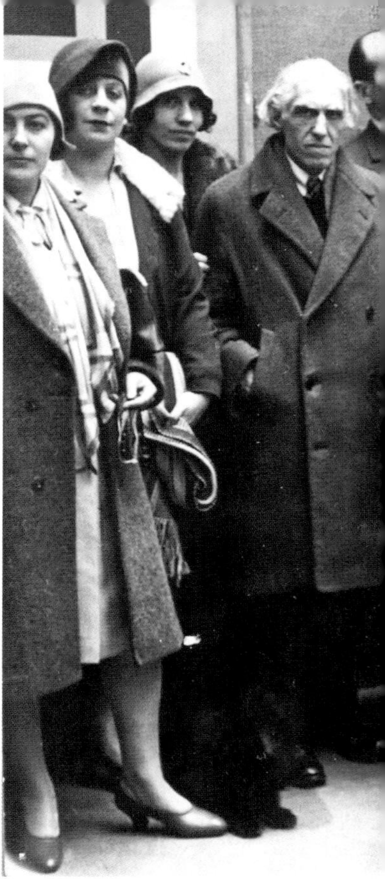

Gruppenfoto während der Ausstellung der Künstlergruppe Cercle et Carré in der Galerie 23 in Paris, April 1930

Das Foto vom April 1930 zeigt einen Teil jener 46 Künstlerinnen und Künstler, die unter dem Gruppentitel Cercle et Carré in Paris ausstellen. Das wie zufällig arrangierte Gruppenfoto einer Vernissage avanciert zu einem wichtigen Dokument der Kunstgeschichte, weil es gleich eine ganze Reihe berühmter Künstler zeigt. Zu ihnen gehören Piet Mondrian (fünfter von links), gleich rechts daneben Hans Arp, schließlich Sophie

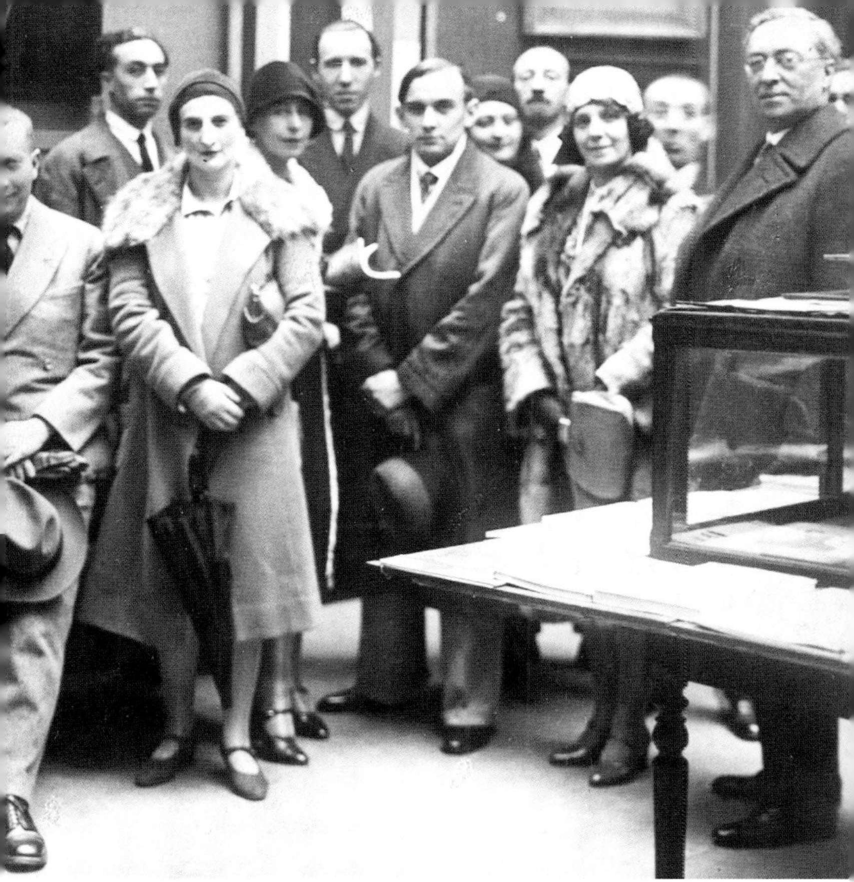

Taeuber-Arp mit schwarzem Hut, Georges Vantongerloo (dritter von rechts) und schließlich rechts im Vordergrund Wassily Kandinsky. In diese illustre Reihe fügt sich ein Herr im langen Mantel, der die Hände vor dem Körper verschränkt und einen Hut in der Hand hält: Friedrich Vordemberge-Gildewart. Einst Tischlergeselle in Osnabrück, nun Mitglied der internationalen Avantgarde – VG hat es 1930 geschafft. Rückblickend wird spätestens mit diesem Foto klar, was dieser Künstler ist: ein stiller Star der Moderne.

Musik der Harmonien: Vordemberges Kunst

Wo steht das Gesetz geschrieben, das sich Friedrich Vordemberge-Gildewart für seine Kunst selbst gegeben hat? Vielleicht hier: „diese kunst ist die gestaltung der reinen, elementaren relationen, hervorgerufen und bedingt allein durch das mass, das verhältnis und die spannung der farbtöne“, schreibt er 1944 in *abstrakt – konkret – absolut,* der grundsätzlichen Schrift, die er zu seiner Kunst verfasst hat. Vordemberge lebt zu dieser Zeit in Amsterdam. Er leidet unter dem Exil und dem Druck der Besatzung des nationalsozialistischen Deutschlands. In dieser existenziell schwierigen Lage findet der Künstler gleichwohl die Ruhe, sich auf seine Kunst zu besinnen.

Relation, Maß, Verhältnis, Spannung, Farbtöne: Die zentralen Stichwörter der zitierten Passage spannen ein Netz aus jenen Begriffen auf, die Vordemberges Kunst geleitet haben, von seinem fulminanten Beginn um 1924 in Hannover bis zu seinem Tod 1962 in Ulm. Vordemberge bezieht seine Kunst auf keine außerhalb des Bildes liegende Wirklichkeit. Es geht ihm um eine Kunst, die „völlig von innen heraus sich gestaltet und keinem einfluss von aussen unterliegt“, wie es in dem genannten Text weiter heißt.

Jedes Bild verwirklicht sich als eine Konstruktion, die deshalb von eigenem Recht ist, weil sie sich aus eigener Kraft hält. Jedes Bild trägt seinen Bauplan in sich. Das ist das Leitbild einer als konsequent autonom gedachten Kunst. Vordemberge ist nicht der einzige Künstler, der dieser Maxime folgt. Piet Mondrian und Theo van Doesburg, Leitfiguren der Künstlergruppe De Stijl, propagieren diese Idee als ihr unumstößliches Grundgesetz. Vor allem Mondrian vertritt die Idee einer von

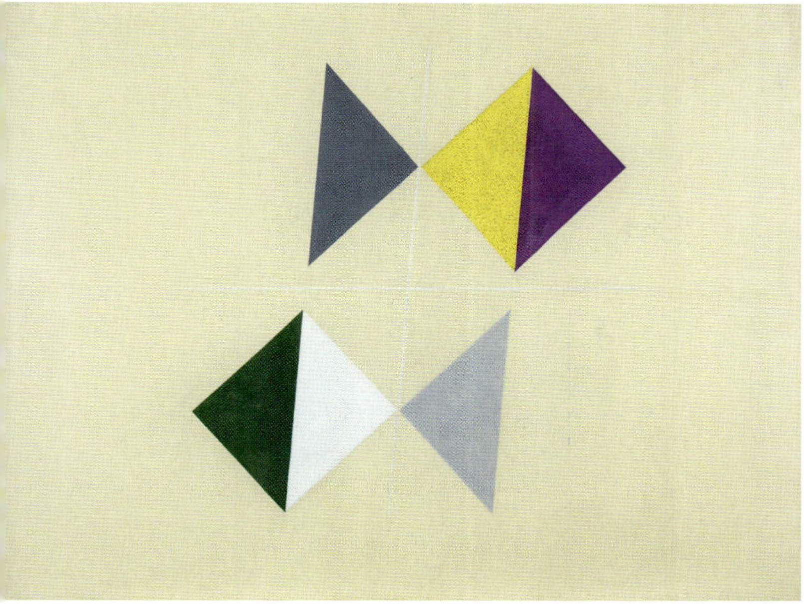

K 144, 1943, Öl auf Leinwand, 60 × 80 cm

jeder äußeren Wirklichkeit gereinigten, nur spirituell gemeinten Kunst. Sie soll Wahrheit in der Form universeller Gesetze sichtbar machen.

PIET MONDRIANS RIGORISMUS

„Sowohl die Philosophie wie die Kunst drücken das Universelle gestaltend aus, erstere als Wahrheit, letztere als Schönheit. Da im Grunde Wahrheit und Schönheit nur Eines sind, wäre es nicht logisch, die augenscheinliche Verwandtschaft beider Gestaltungen zu leugnen“, schreibt Mondrian in seinem 1925 publizierten Manifest *Neue Gestaltung*. So konsequent und logisch, ja geradezu ideologisch sich solche Sätze heute lesen, so klar ist für Vordemberge-Gildewart, dass er diesem Rigorismus nicht folgen wird.

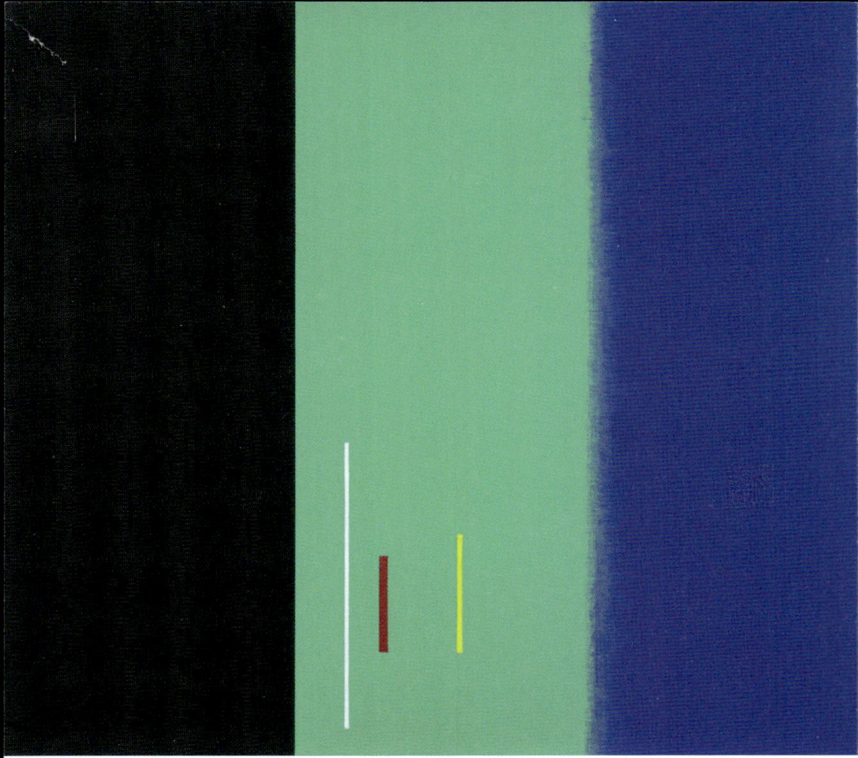

K 208, 1957, Öl auf Leinwand, 50 × 60 cm

Wie funktioniert ein Bild Vordemberge-Gildewarts? Das Bild *K 208* von 1957 zeigt dies in mustergültiger Weise. Das Bild ist in drei annähernd gleich große Felder geteilt. Die beiden äußeren Felder sind dabei etwas breiter als das Feld in der Mitte. Wieder versammelt Vordemberge in seinem Bild, was das grundsätzliche Inventar seiner konstruktiven Kunst ausmacht: Die drei Primärfarben Rot, Gelb und Blau sowie Schwarz und Weiß. Ihre Verteilung sorgt für Spannung. Das linke Feld ist dem Schwarz vorbehalten. Weiß ist nur der schmale Streifen in der Mitte. Rot und Gelb finden sich ebenfalls auf dem Fond in Grün, das durch Mischung von Gelb und jenem Blau entsteht, das sich rechts findet.

Die Verhältnisse der Farben, der Kontrast zwischen Schwarz und Weiß sowie die Mischung von Gelb und Blau zu Grün setzen die drei Felder zueinander in Bezug. Instruktiv auch, wie sich die Größenverhältnisse der Farbfelder auswirken. Vordemberge sieht für Gelb und Rot nur schmale Streifen vor, die dennoch stark leuchten. Sie stehen auf dem Grün, das sich zu Rot als Komplementärfarbe verhält und auch das Gelb wie eine farbliche Opposition hell leuchten lässt. Bei der Wirkung der Farben kommt es nicht auf die Größe der Bildpartien an, die sie besetzen, sondern auch auf die Beziehungen, in denen sie stehen.

Besonders deutlich wird dies an dem schmalen Streifen in Weiß. Er zieht den Blick wie magisch auf sich. Der Grund bleibt dem Betrachter unsichtbar. Das schmale Weiß steht genau auf dem Goldenen Schnitt, nach dem sich die Grundfläche des Gemäldes teilt. Vordemberge kombiniert hier Farbe mit Proportion. Das gibt dem Weiß eine unübertrefflich diskrete und zugleich intensive Wirkung. Der weiße Streifen wirkt wie die Ruhezone in einem Kampf der Oppositionen.

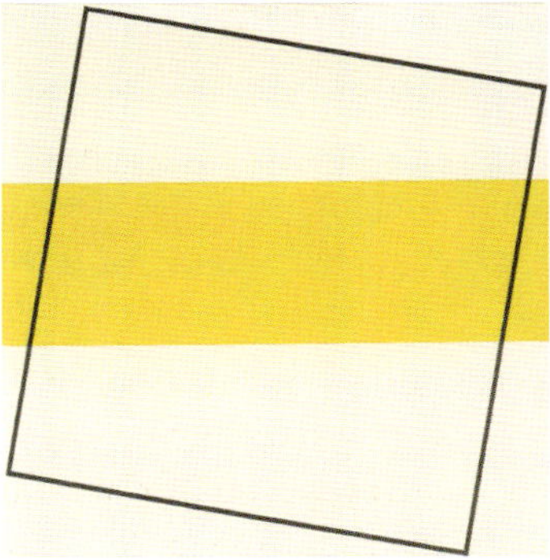

K 100, 1935, Öl auf Leinwand, 60 × 60 cm

So ruhig der Bildaufbau des Bildes *K 208* auch wirken mag, mit dem Bild *K 100* setzt Vordemberge auf Irritation. In ein Quadrat stellt er ein zweites Quadrat, das er leicht zur Seite kippt. Darunter liegt ein horizontaler gelber Streifen, wie ein

Lichtstrahl der Hoffnung in dunkler werdenden Zeiten. Der Künstler konstruiert dieses Bild 1935. Mitten in der Frühzeit des Nationalsozialismus wirkt dieses Bild mit den beiden gegeneinander gedrehten Quadraten wie eine Anordnung, der das Gleichgewicht verlorengegangen ist. Ein verborgener politischer Zeitkommentar?

„DIE SCHÖNHEIT LÄSST SICH NICHT KONSTRUIEREN"

„Der schöpferische Wille des Künstlers drückt sich in Ordnung aus und in der Beziehung der einzelnen Elemente zueinander", schreibt Vordemberge 1953 in seinem kleinen Text *Proportion*. Seine Diktion hat nichts von jener Heilsgewissheit ewiger Wahrheiten, mit denen Piet Mondrian die Kunst belastet. Vordemberge nennt das Ordnungsprinzip beim Namen, auf das er sich stützt: „Schon vor dem Mittelalter bediente man sich gern bei der Gestaltung von Kunstwerken sogenannter Ordnungslinien, die größtenteils auf dem Goldenen Schnitt basieren." Hier kehrt er wieder, der Handwerker im Künstler Friedrich Vordemberge-Gildewart. Zugleich wendet er sich gegen leblose Bildmechanik. Harmonische Proportionen allein seien noch keine Garantie dafür, dass auch wirklich Kunst entstehe, macht der Künstler klar und resümiert in seinem Text: „Die Schönheit lässt sich nicht konstruieren".

Das vielleicht nicht. Aber Schönheit basiert auf präziser Gedankenarbeit und nicht auf expressivem Selbstausdruck oder noch so genauer Nachahmung einer außerhalb der Kunst liegenden Wirklichkeit. Auch für Vordemberge sollen Bilder das sein, was Max Bill, Vertreter der **Konkreten Kunst*** und erster Direktor der Ulmer Hochschule für Gestaltung, 1949 „Gegenstände für den geistigen Gebrauch" nannte. Der

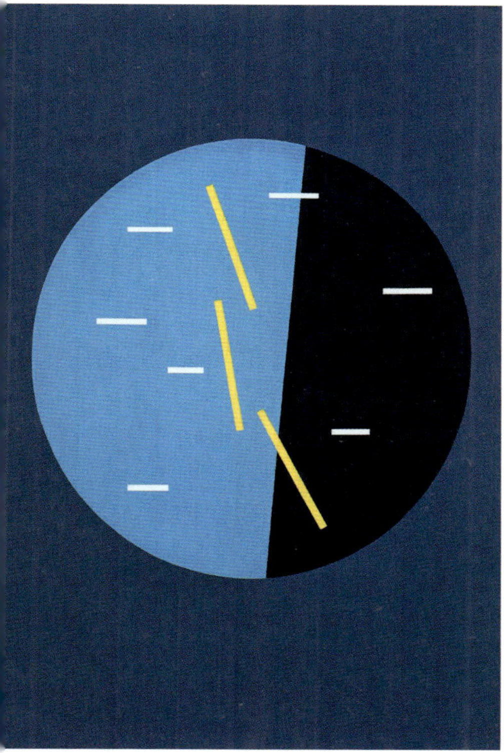

K 155, 1946, Öl auf Leinwand, 120 × 80 cm

diese kunst ist die gestaltung der reinen, elementaren relationen, hervorgerufen und bedingt allein durch das mass, das verhältnis und die spannung der farbtöne.

abstrakt – konkret – absolut, 1944

Betrachter findet seine intellektuelle und emotionale Befriedigung darin, die Konstruktionsprinzipien eines dieser Bilder zu entschlüsseln. Er wird selbst aktiv als denkender und fühlender Mensch – dank einer Kunst, die den Menschen auf seine eigenen Vermögen richtet und auf nichts anderes.

Wie spielerisch mit den Gesetzen der konstruktiven Kunst umgegangen werden kann, demonstriert Vordemberge immer wieder, zum Beispiel mit dem 1946 entstandenen Bild *K 155*.

Vordemberge teilt einen schwebenden Kreis in eine helle und eine dunkle Zone. Die weißen Streifen schwimmen in beiden

Bereichen. Gelbe Streifen durchdringen das Dunkel wie Lichtzeichen der Hoffnung nach dem Ende der Diktatur der Nationalsozialisten.

Dabei spielt die Farbe eine besondere Rolle. „die farbgestaltung darf den menschen nicht erdrücken, so dass er sich untergeordnet fühlt. Vielmehr muss durch die farbe das lebensgefühl und die aktivität des menschen erhöht werden“, beschreibt Vordemberge in seinem Text *farbe als raumbildendes element in der architektur* 1953 seine Auffassung der Farbe und ihrer Wirkung auf den Menschen. VG wünscht sich den aktivierten Menschen, nicht den passiven Betrachter.

BILDER FÜR EINE FREIE GESELLSCHAFT

Viele seiner Bilder aus späteren Jahren belegen, dass Vordemberge seine Bildfindungen immer freier und komplexer baut, ohne von seinen Grundprinzipien abzuweichen. Das Bild *K 189* von 1952 besteht aus einer Struktur aus senkrechten Streifen und aufgereihten, kleinen Quadraten. In diesen Reihen kontrastiert der Künstler Schwarz und Weiß, setzt die Primärfarben als schmale Streifen – und all das zusammen auf einen violetten Fond. Violett ergibt sich als Mischung aus Blau und Rot, also zwei der drei Primärfarben. Der Künstler setzt die Farben nicht nur in Szene, er lässt sie interagieren, indem sie sich mischen. Das Ergebnis ist ein Bild voller Optimismus und Bewegung. *K 189* bleibt den Gesetzen der konstruktiven Kunst treu, bietet sich zugleich aber als ein eigener Rhythmus dar.

Vordemberge-Gildewart bekennt sich dazu, „reine schöpfungen von picturaler schönheit und vollendeter harmonie“ her-

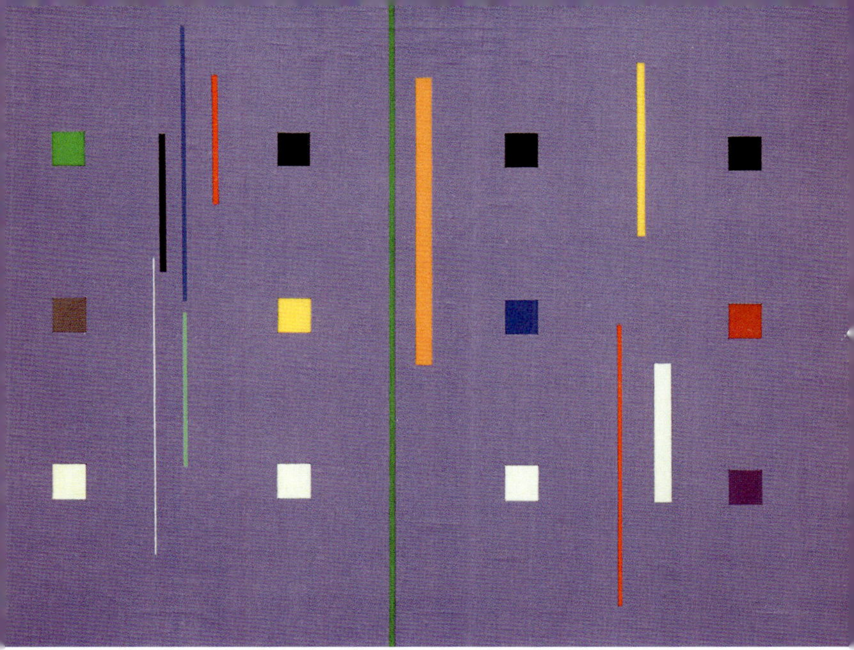

K 189, 1952, Öl auf Leinwand, 50,5 × 70,5 cm

vorbringen zu wollen. Dabei geht es ihm, wie er in *abstrakt – konkret – absolut* 1944 schreibt, darum, eine neue Kunst aus Farbrelationen schaffen zu wollen. Farben haben ihre eigenen Energien, sie gehen miteinander Koalitionen ein, entfalten Wechselwirkungen. Diese Wirkungen sind für Vordemberge von zentraler Bedeutung. Sie bringen bildende Kunst in die Nähe der Musik als Inbegriff einer reinen, von keinerlei Materialität mehr gehemmten Kunstentfaltung.

In der genannten Schrift beschreibt Vordemberge die Entwicklung der Kunst im 20. Jahrhundert deshalb als eine Stufenfolge fortschreitender Selbstbefreiung. Kunst streift die Fesseln des Wirklichen ab und kommt immer mehr zu sich selbst. Vordemberge teilt diesen Grundgedanken der Avantgarde über Stellung und Funktion der Kunst. Sie ist zu Beginn der Avantgarde abstrakt, weil sie sich von der Wirklichkeit löst, dann konkret, weil auf die eigenen Mittel bezogen. Mit der absoluten Kunst einer vollkommen freien Gestaltung ist für Vordemberge das eigentliche Entwicklungsziel der neuen Kunst seines Jahrhunderts erreicht. Vordemberge beschreibt seine eigene Werkentwicklung in dieser Weise, macht sich aber zugleich frei von jener ideologischen Einseitigkeit, in die konstruktive Kunst auch verfallen konnte.

Piet Mondrian sieht im rechten Winkel ein gleichsam göttliches Harmoniegesetz von überzeitlicher Gültigkeit verwirklicht. Vordemberge-Gildewart, wie Mondrian Mitglied der Gruppe De Stijl, lässt sich von solchen Absolutheitsansprüchen nicht beeindrucken. Seine Bilder bleiben in allen Werkphasen genau kalkulierte Konstruktionen. Zugleich erobert sich Vordemberge aber auch jene Freiheiten der Gestaltung, die seine Bilder über den Kontext der historischen Avantgarde hinaus weiterhin anregend sein lassen. Das gilt auch für das Bild *K 110* mit seinen luzide schwebenden Rhomben, die Vordemberge in Dreiecke zerlegt. Form- und Farbgestaltung konstituieren eine fragile Balance.

„die kunst geht nun einmal als empfindlicher anzeiger den geistigen wirkungen voraus. hingegen der mensch von langsamer entwicklung und von widerspenstigem geist ist“, schreibt Vordemberge in *abstrakt – konkret – absolut* 1944. Er sieht Kunst nicht allein als seismografisches Medium einer Gegenwart, sondern als empfindliches Organ einer Zeit, die noch nicht gekommen ist. Darin liegt keine ferne Utopie, sondern eine Vision für das Hier und Jetzt.

Vordemberge inszeniert mit seinen Farbharmonien Interaktionen, die auch als Chiffre einer freien und pluralen Gesellschaft und damit als soziale Utopie gelesen werden können. Seine Bilder inszenieren nicht allein Strukturen, sondern vor allem Kommunikationen. Mit jedem neuen Bild zeigt der Künstler, wie die Koexistenz seiner Elemente neu konfiguriert werden kann. Die Energien der Farben wirken wie Akte der Kommunikation, die formalen Strukturen wie Haltekräfte von Institutionen. Was sich in ihrem Widerspiel verwirklicht, ist eine Freiheit, die weit über jene der Kunst hinausweist. Mit der absoluten Kunst werde „auf etwas hingewiesen, was über das rein optische hinausgeht", schreibt Vordemberge 1944, mitten im Zweiten Weltkrieg. Seine Kunst bringt eine Freiheit zur Erscheinung, von deren politischer Verwirklichung zu diesem Zeitpunkt nur geträumt werden kann.

Wo ist *K 33* geblieben?

Von diesem Bild gibt es nur noch eine Fotografie in Schwarzweiß: Friedrich Vordemberge-Gildewarts Gemälde *K 33* von 1927. Der in Hannover arrivierte Künstler überlässt es seiner Heimatstadt Osnabrück im Frühjahr 1932 als Dauerleihgabe. Dort wird das 100 mal 80 Zentimeter große Gemälde in der Galerie im Osnabrücker Schloss präsentiert – und gerät umgehend in die Mühlen einer Kunstpolitik, die ab 1933 zunehmend von der Weltanschauung der Nationalsozialisten geprägt wird.

Verblüffend genau vollziehen lokale Kulturpolitiker und Museumsleute jene große kulturpolitische Linie mit, die das Regime vorzeichnet. 1937 führen die Nationalsozialisten die von ihnen verfemte Moderne in der Ausstellung *Entartete Kunst* verleumdend vor. Zur gleichen Zeit wird auch der Bestand des Osnabrücker Museums überprüft. „Bilder, die im Sinne nationalsozialistischer Kunstauffassung für unsere Zeit unmöglich sind, wurden ausgeschieden“, heißt es 1937 in der Zeitschrift *Was bietet Osnabrück*.

In dem Inventar, mit dem das Propagandaministerium der Nationalsozialisten die Beschlagnahmen von Bildern dokumentiert, taucht unter den drei für Osnabrück genannten Kunstwerken auch *K 33* von Vordemberge-Gildewart auf. Das sogenannte Londoner Inventar, das 1942 über 16 000 beschlagnahmte Kunstwerke aufführt, die die Nazis veräußern, enthält ebenfalls Vordemberges Bild. Schon Jahre vorher äußern Museumsfunktionäre in Osnabrück ihr Befremden über das Bild *K 33*. Er verstehe nicht, warum dieses Gemälde von Kunstexperten so hoch eingeschätzt werde, äußerte der damalige Osnabrücker Museumsleiter schon kurz nachdem Vordemberge

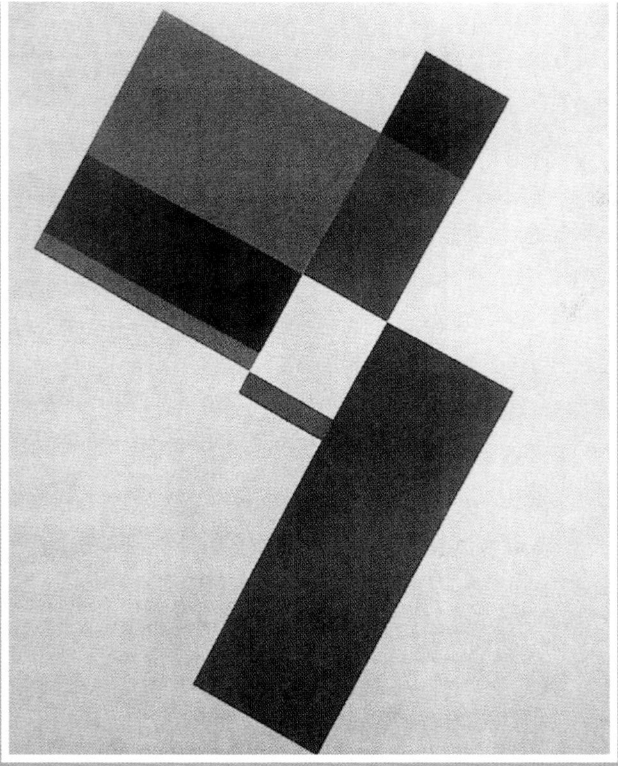

K 33, 1927, Öl auf Leinwand, 100 × 80 cm

das Bild seiner Heimatstadt überlassen hatte. Später steht im Ausgangsbuch des Museums, das Gemälde sei „aufgrund Beurteilung in Berlin“ ausgesondert worden. Wo befindet sich das Bild jetzt? Nachforschungen führten in den letzten Jahren regelmäßig ins Leere. Noch 2023 stellt das Museumsquartier Osnabrück entsprechende Anfragen beim Bundesarchiv und beim Zentralarchiv der Staatlichen Museen in Berlin. Die Antworten sind negativ. Ironie dieser finsteren Geschichte: Ilsa Leda, Witwe des Künstlers, schenkt der Stadt Osnabrück 1963, also ein Jahr nach Vordemberges Tod, das Gemälde *K 144* aus dem Jahr 1943. Es gehört jetzt zu den wenigen Gemälden Vordemberges, über die Osnabrück verfügt.

Nach Amsterdam: Der Künstler im Exil

Auf dem leeren Blatt verliert sich die Bleistiftspur fast ein wenig. Was steht dort? „10 Jahre nichts – und alles", notiert Friedrich Vordemberge-Gildewart in sein Gästebuch. Illustre Gäste von Theo van Doesburg bis Joachim Ringelnatz haben in diesem Buch ihre Signatur hinterlassen. Die Reihe prominenter Namen legt eine Spur des Esprits durch dieses einzigartige Dokument. Noch 1936 unterzeichnet Alfred Barr, Gründungsdirektor des New Yorker Museum of Modern Art, die Einladung zum ersten Jüdischen Tanzabend am 23. April 1936, an dem auch Vordemberges Frau Ilse Leda teilnimmt. Kurz darauf brechen die Einträge im Gästebuch ab. „10 Jahre nichts – und alles": Friedrich Vordemberge-Gildewart notiert mit diesem Passus lapidar die Pause von 1937 bis 1947 – die Pause des Exils.

Der Künstler notiert diesen knappen Eintrag 1947 und setzt damit ein persönliches Zeichen der Kontinuität. Vordemberge und seine jüdische Frau Ilse Leda sind durch eine schlimme Zeit des Exils gegangen, aber nicht gebrochen. Sie setzen nach dem Zweiten Weltkrieg neu an. Passagen aus Briefen Vordemberges deuten allerdings an, wie schwer die Zeit des Exils in Amsterdam gewesen sein muss. „ilse leda und ich haben hier in weniger amüsanten zeiten das leben retten können, nur nicht fragen, wie. Aber bitte keine bange. Ich komme ihnen nicht mit langen heldensagen, wir haben einfach grosses glück gehabt, besonders meine frau", schreibt Vordemberge am 16. April 1946 an die nach Amerika emigrierte Künstlerin Käthe Steinitz.

Mitte der 30er-Jahre werden die Lebensumstände für den Künstler Vordemberge-Gildewart in der Tat schwierig. Die

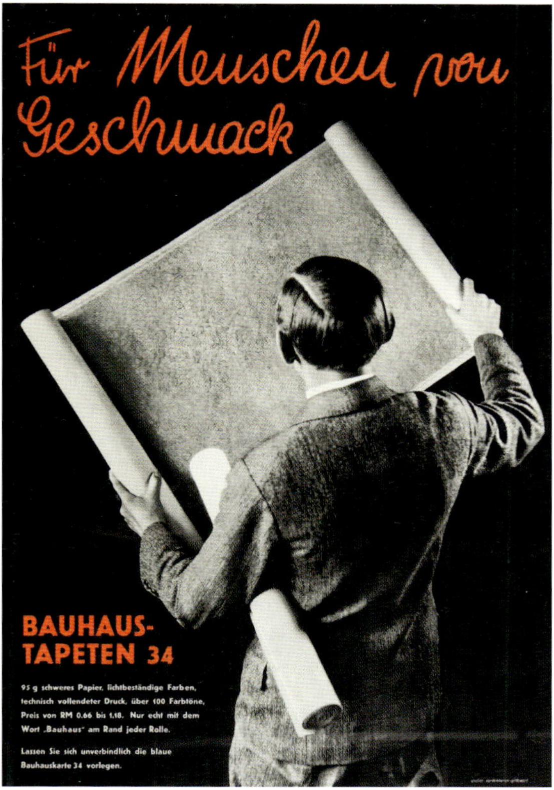

Für Menschen von Geschmack, Werbeplakat für die Bauhaustapeten 34 für die Firma Rasch, Bramsche, 1934

Ob sich der Künstler da selbst ins Bild gesetzt hat? Es ist wohl Friedrich Vordemberge-Gildewart selbst, der da eine Rolle der Bauhaustapete der Firma Rasch in Händen hält. Gekonnt, wie Vordemberge als Gestalter die zentrale Botschaft seines Plakats farblich hervorhebt. Rot auf Schwarz – so leuchtet die Werbebotschaft besonders stark. Für Menschen von Geschmack: Der Slogan ist zudem in einer schwungvollen Schreibschrift gesetzt. Das signalisiert Individualität und Unabhängigkeit. Die diagonal platzierte Tapetenrolle sorgt für einen Moment der optischen Spannung zwischen Überschrift und Schriftblock. So wird der Betrachter angesprochen und ernst genommen.

Nationalsozialisten festigen ihre Herrschaft durch eine zunehmende Gleichschaltung der Gesellschaft. Das betrifft insbesondere die Kultur und mit ihr die Kunst. Künstlerische Positionen, die den Vorgaben des nationalsozialistischen Staates nicht entsprechen, geraten immer mehr unter Druck. Diesen Druck bekommt auch Vordemberge zu spüren. 1936 wird das *Kabinett der Abstrakten* im Provinzialmuseum in Hannover zerstört. Im Zuge dieser Aktion werden auch Bilder von VG entfernt.

Zur gleichen Zeit verliert der Künstler mehr und mehr die Möglichkeit, als Gestalter seinen Lebensunterhalt zu verdienen. Die Aufträge für Möbel- und Innenraumgestaltungen verlieren sich. Vordemberges Kunst verschwindet aus der öffentlichen Wahrnehmung. 1934 ist Vordemberge nur noch für die Firma Rasch, die die Bauhaustapete produziert, als Werbegestalter tätig. Der Künstler und der Gestalter Vordemberge-Gildewart, beide geraten zunehmend in die Defensive.

AUF DEM WEG INS EXIL

Der Künstler und seine Frau reagieren, verlegen ihren Wohnsitz nach Berlin. In der Metropole weniger sichtbar sein, womöglich gar untertauchen – diesem Gedanken folgen in dieser Zeit viele Künstler. Unter ihnen ist auch der Maler Max Beckmann, der von Frankfurt nach Berlin geht. Vordemberge wird ihn in Amsterdam kennenlernen, der endgültigen Lebensstation seines Exils. Der Berliner Aufenthalt dauert nur kurze Zeit. Die Repressionen der Machthaber nehmen weiter zu. Das Vorhaben, in Berlin einen Freiheitsraum zu finden, misslingt. Vordemberge und seine Frau ziehen weiter, weil Ilse Leda als Jüdin besonders gefährdet ist.

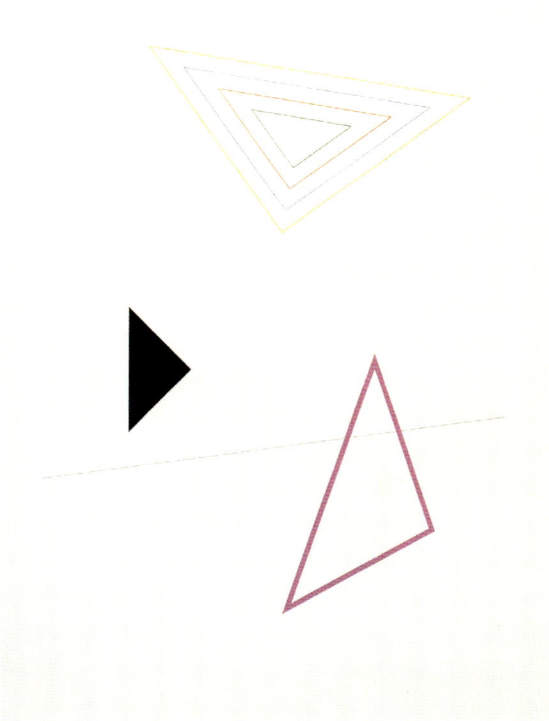

K 129, 1941,
Öl auf Leinwand,
145 × 110 cm

Das Ehepaar hat Freunde in der Schweiz. Sie ziehen 1937 dorthin weiter, nicht ohne zur gleichen Zeit mit den rabiaten Konsequenzen der nationalsozialistischen Kunstpolitik konfrontiert zu werden. Vordemberges Gemälde *K 33*, das er seiner Heimatstadt als Gabe überlassen hat, wird abgehängt und von den Nationalsozialisten eingezogen. Wie sehr sich auch lokale Instanzen der Kulturpolitik unmittelbar nach der Machtergreifung den neuen Verhältnissen anpassen und sich gegen die Kunst der Moderne stellen, macht in Osnabrück der Schul- und Kunstdezernent Hans Preuß deutlich. „Vom Künstler aber verlangen wir eine Sprache, die das deutsche Volk versteht. Wir lehnen jede Überfremdung ab und fordern, daß der Künstler in seiner Art nicht nur über den deutschen Gedanken spricht, sondern ihn erlebt", sagt Preuß schon 1933 bei einem Vortrag auf dem Niedersachsentag in Stade.

Die Konsequenz für Künstler wie Friedrich Vordemberge-Gildewart ist eindeutig. Seine konstruktive Kunst steht in deutlichem Gegensatz zu dem, was die Funktionäre des Regimes für richtig halten. Vordemberge muss nicht nur erleben, dass sein Bild *K 33* aus der Museumssammlung seiner Heimatstadt entfernt wird, er verliert auch insgesamt Möglichkeiten, seine Kunst der Öffentlichkeit zu präsentieren.

Dabei erleben Vordemberge und seine Frau unmittelbar, wie die NS-Machthaber die Kunst der Moderne ausgrenzen und diffamieren. Auf dem Weg in die Schweiz machen sie 1937 in München Station und sehen dort die Ausstellung *Entartete Kunst*. „In München haben wir die entartete Kunst gesehen. Wir kamen völlig erledigt heraus. Mit einer Infamie sondergleichen werden dort die schönsten Arbeiten gezeigt", schreibt Vordemberge-Gildewart am 13. August 1937 aus Zürich an die Kunstsammlerin Annie Müller-Widmann, die gemeinsam mit ihrem Mann die Bilder *K 78* und *K 88* von Vordemberge-Gildewart erwerben wird.

Das Erlebnis der Münchener Ausstellung, mit der die nationalsozialistischen Machthaber die Kunst der Moderne als angeblich krank und degeneriert stigmatisieren, macht dem Osnabrücker Künstler schwer zu schaffen. „Ich bin noch zu erregt, als dass ich in dieser Form mich näher auslassen kann. Immerhin bin ich glücklich, aus dieser Atmosphäre heraus zu sein", schreibt er weiter in dem Brief an Annie Müller-Widmann, mit

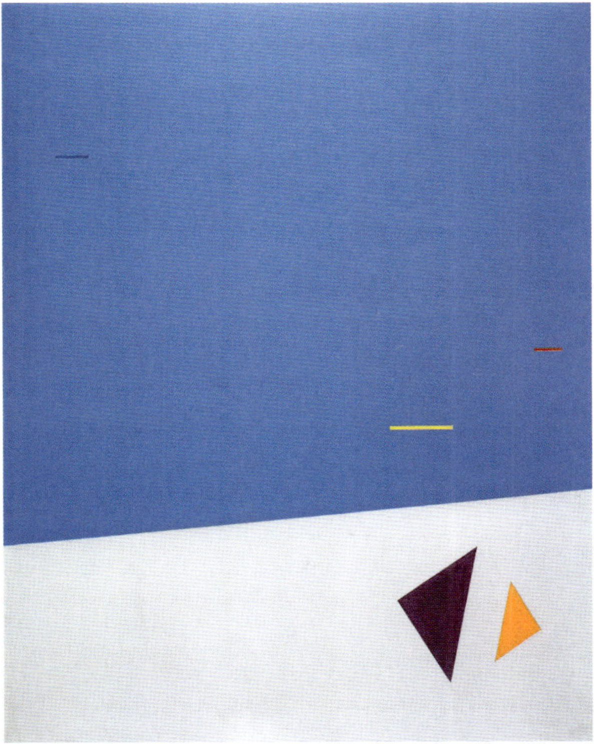

K 134, 1942,
Öl auf Leinwand,
100 × 80 cm

der er bis zu seinem Tod in brieflichem Kontakt bleiben wird. Vordemberge muss nicht persönlich erleben, dass bei der Berliner Ausstellung *Entartete Kunst* 1938 auch Bilder von ihm vertreten sein werden.

Vordemberge und seine Frau treffen in der Schweiz auf eine Kunst- und Sammlerszene, die der konstruktiven Kunst sehr aufgeschlossen gegenübersteht. Die *Zürcher Schule der Konkreten* prägt in den 30er- und 40er-Jahren die internationale Kunst wesentlich mit. Mit Richard Paul Lohse, einem führenden Vertreter dieser Schule, korrespondiert Vordemberge eingehend. Einem anderen Exponenten der Konkreten, nämlich Max Bill, wird er nach dem Exil wiederbegegnen – an der Hochschule für Gestaltung in Ulm.

Das aus Hannover vertriebene Künstlerpaar hofft vergeblich darauf, in der Schweiz bleiben zu können. Gesuche um dauerhaften Aufenthalt werden abschlägig beschieden. Vordemberge und seine Frau müssen weiterziehen.

ZUFLUCHT IN AMSTERDAM

Sie finden ihre Zuflucht in Amsterdam. 16 Jahre lang werden sie in der niederländischen Metropole leben, 14 davon in einem Haus in der Nicolaas Maestraat 22 unweit des Vondelparks. Auch wenn Vordemberge seine Werke schon 1938 in den Niederlanden präsentieren, weiter in Amsterdam und sogar New York ausstellen kann, bleiben seine Möglichkeiten doch äußerst begrenzt. Vordemberges persönliches und künstlerisches Leben verlagert sich in einen von der Öffentlichkeit zurückgezogenen Bereich. Später steht er in Kontakt zu Personen, die dem Widerstand gegen die Besatzer zugerechnet werden können.

„Mein Mann und ich haben Deutschland verlassen müssen, weil uns jede Verdienstmöglichkeit genommen war. Hier hatten wir es verflixt schwer, auf einen grünen Zweig zu kommen, da wir ja keine Reichtümer mit aus Deutschland nehmen durften. Dann kam der Krieg und das Elend ging wieder von vorn los: ich, Jüdin und mit einem Bein immer im Konzentrationslager, mein Mann als ‚entarteter Künstler' mit Arbeitsverbot", beschreibt Ilse Leda rückblickend in einem Brief an den Hannoveraner Rechtsanwalt Bodemann am 25. März 1952 die Situation des Paares im Amsterdamer Exil.

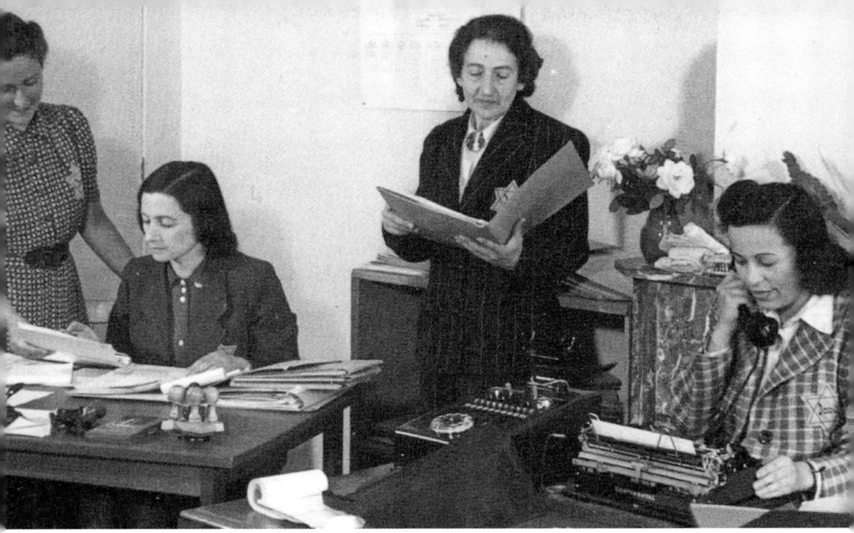

Ilse Vordemberge-Gildewart, geb. Leda (Zweite von links) im Sekretariat der Expositur des Judenrats in Amsterdam, Anfang der 1940er-Jahre

Das Leben Vordemberges und seiner Frau ist nicht nur materiell begrenzt. Sie müssen auch ständig um ihre Sicherheit fürchten. Dabei ist vor allem Ilse Leda als Jüdin gefährdet. „gestapobesuche im Hause und andere gefährliche Dinge", beschreibt Vordemberge in einem Brief vom 23. September 1945 an Max Bill rückblickend die fortwährend prekäre und auch gefährliche Lage. Dabei hat er mehr Angst um seine Frau, als er es direkt einräumt. „von uns selbst gibt es weniger erfreuliches zu berichten, doch sind wir schon glücklich, wenn wir nicht getrennt werden", gibt er in einem Brief vom 11. März 1943 an die Kunstsammlerin Annie Müller-Widmann indirekt zu erkennen, wie groß seine Angst ist, dass seine Frau Ilse Leda festgenommen werden könnte.

Das Ehepaar lebt in der ständigen Angst, abgeschoben zu werden, findet kaum Möglichkeit, Geld zu verdienen. Kontakte wie derjenige zu Willem Sandberg, dem der konstruktiven Kunst zugewandten Kurator am Stedelijk Museum, helfen nur anfangs weiter. Sandberg richtet die Ausstellung *Abstracte Kunst* aus, in der 1938 auch Bilder Vordemberges zu sehen sind. Im gleichen Jahr werden seine Werke in einer Ausstellung in Den Haag gezeigt. Mit der deutschen Besatzung verschlechtern sich allerdings die Arbeitsmöglichkeiten. Sandberg selbst, der nach 1945 das Stedelijk Museum leiten wird, geht in den Untergrund.

Dabei findet Vordemberge-Gildewart in dem Verleger und Drucker Frans Duwaer sogar einen verlässlichen Mitstreiter, der Projekte Vordemberges verwirklicht. Duwaer druckt Bücher, die es nach dem Willen der Besatzer nicht geben dürfte, unter anderem 1940 *millimeter und geraden*, eine Sammlung von Gedichten Vordemberges. Gleich mehrere Kunstpublikationen jährlich sollen entstehen – und das unter den schwierigen Bedingungen der Besatzung. Zu diesen Projekten kommt es nicht mehr, weil Frans Duwaer, der Verfolgten gefälschte Ausweispapiere druckt, festgenommen und am 10. Juni 1944 hingerichtet wird. In der Schrift *Frans Duwaer* setzt Vordemberge dem ermordeten Freund 1945 ein Denkmal.

trotz gefährlichster situationen habe ich mein œuvre weiterführen können. Vielleicht sind es sogar diese gefährlichen momente gewesen, die zum protest alle kräfte heranholten.

An Justus Bier, 17. August 1945

unten:
K 116 („das blaue Bild"), 1940,
Öl auf Leinwand, 60 × 60 cm

Halt findet der Künstler in den regelmäßigen Treffen mit dem Maler Max Beckmann, der ebenfalls nach Amsterdam emigriert war. Die beiden nach ihren Werkkonzepten überaus ungleichen Künstler verstehen sich jedoch als Leidensgenossen des Exils bestens. Max Beckmann ist von Vordemberges Geradlinigkeit so beeindruckt, dass er ihm in seinem Gemälde *Les Artistes mit Gemüse* (s. S. 9) 1943 ein bleibendes Denkmal setzt.

„REINE EILANDE" IN DER WIRRNIS DER ZEIT

Es bleibt im Rückblick mehr als erstaunlich, zu welch ausgewogenen und beruhigten Kompositionen Vordemberge-Gildewart ausgerechnet in der Bedrängnis des Exils findet. Es scheint, als setze der Künstler gerade in dieser Zeit mit seiner Kunst einen Gegenpol zur düsteren Wirklichkeit. Der Maler und Bildhauer Hans Arp bezeichnet diese Bilder 1950 als „reine Eilande", als Ruhepunkte in der „grauenhaften Wirrnis unserer Zeit".

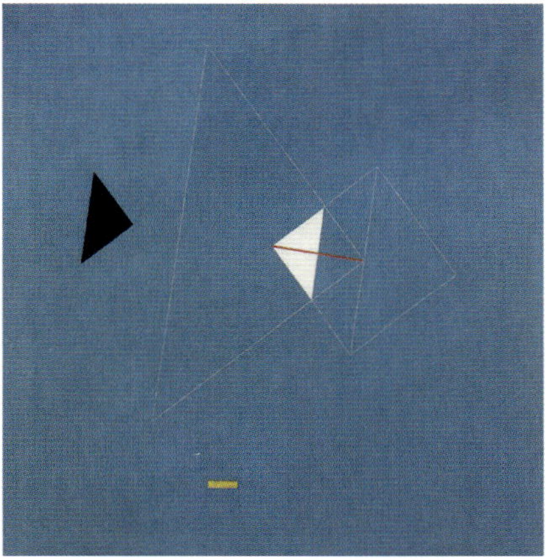

Bestes Beispiel für diese Konzeption ist das Bild *K 116* von 1940. Vordemberge setzt eine luzide Konstruktion aus zarten Dreiecken und einem Quadrat auf einen hellblauen Grund. In der Zeit des Zweiten Weltkriegs und der Okkupation der Niederlande avanciert dieser Bildgrund zum blauem Sommerhimmel einer neuen Freiheit.

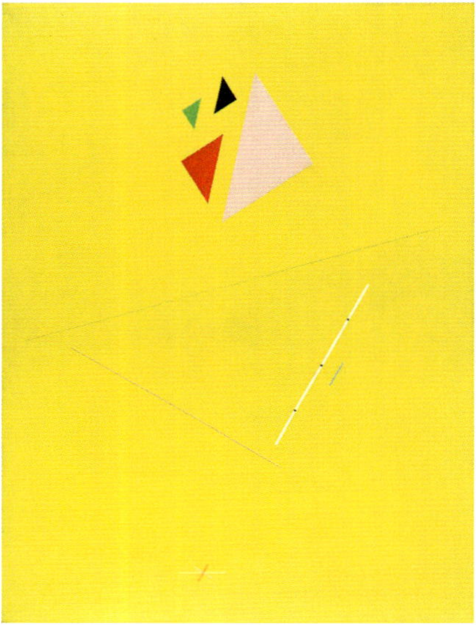

K 133, 1942,
Öl auf Leinwand,
145 × 110 cm

Vordemberge kontrastiert Weiß und Schwarz nicht einfach, er lässt die beiden Dreiecke, die diese Farben tragen, mit ihren Spitzen aufeinander weisen, als suchten sie Kontakt und Dialog. Der rote Streifen, der gelbe Balken, sie setzen dezente, aber gleichwohl spürbare Akzente in einer Bildkonstruktion, die in der Unendlichkeit zu schweben scheint. Der lange Schenkel des größeren Dreiecks läuft in der Verlängerung im Goldenen Schnitt der oberen Bildkante aus. Harmonie und Präzision gehen auf diesem Bild mit der Leichtigkeit eine beglückende Verbindung ein.

„und dennoch sind es gerade die äusseren umstände gewesen, die einem den élan gaben, fanatisch und ehrlich weiterzuarbeiten, um der gemeinheit etwas besseres und gesundes und positives gegenüberzustellen“, schreibt Vordemberge am 7. Juli 1946 an die Künstlerin Käthe Steinitz und fügt an, was er gegenüber Max Beckmann äußert – „dass man beinahe künstlich die protesthaltung wieder herstellen müsse, um so stark arbeiten zu können“. So erklärt er rückblickend seine künstlerische Haltung in der Zeit des Exils.

Ähnlich luzide fällt das Bild *K 133* aus, das eine Konstruktion aus Dreiecken auf gelbem Grund zeigt. Vordemberge wählt hier die Sonnenfarbe, um der Düsternis des Exils eine positive

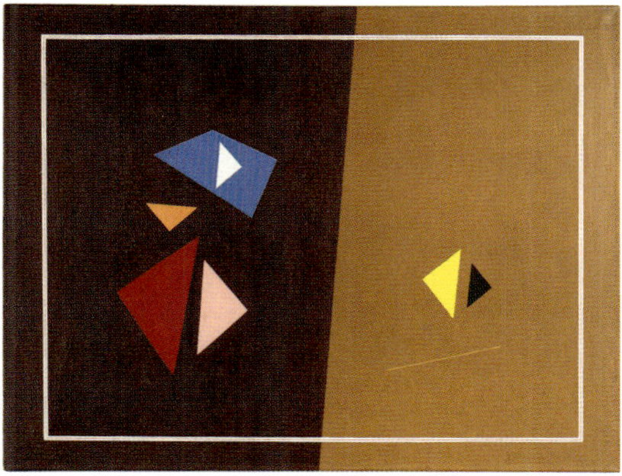

K 141, 1942/43,
Öl auf Leinwand,
60 × 80 cm

Botschaft der Kunst entgegensetzen zu können, die sich nicht in bloßen Appellen erschöpft. Wie ein kleiner Verband schweben vier kleine Dreiecke in der oberen Bildhälfte. Darunter findet sich ein zart konturiertes, offenes Dreieck. Die ganze Konstruktion wirkt, als ziehe sich der Künstler in den Bereich seiner Kunst zurück. Kunst reagiert auf Wirklichkeit nicht durch Wiedergabe oder Protest, sondern mit einem Bestehen auf den eigenen Gesetzmäßigkeiten. Darin liegt Vordemberges Botschaft, die auch politisch als Freiheitsmanifest gelesen werden kann.

Bedrohlicher wirkt im Vergleich das Gemälde *K 141* von 1943 mit seiner Teilung der Bildfläche in Schwarz und Braun. In der schwarzen Zone scheinen die geometrischen Formen durcheinandergewirbelt zu sein. In der rechten Hälfte hingegen halten die kleinen Dreiecke in Gelb und Schwarz verlässlichen Kontakt. Der weiße Rahmen friedet das kontrastreiche Bildgeschehen ein, als gäbe es einen Sonderbereich der Kunst, in den auch die drängendste Unbill einer Zeit von Krieg und Vertreibung nicht einzudringen vermag. Vordemberge-Gildewart etabliert seine Kunst gerade in der Zeit des Exils als abgeschlossene Welt einer Schönheit, die mit Freiheit und Humanität deckungsgleich ist.

Die Ulmer Hochschule für Gestaltung

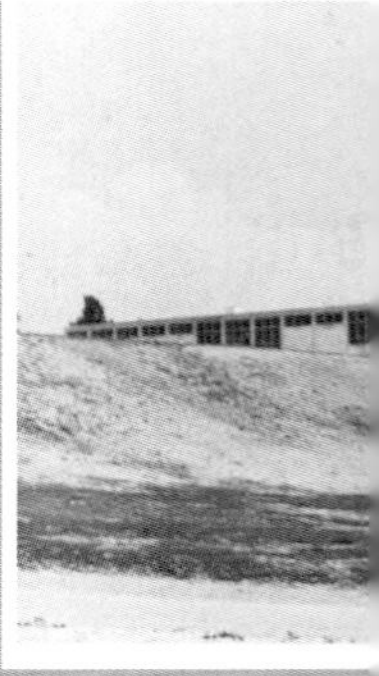

Gute Form für eine neue Gesellschaft: Das ist das Programm der Hochschule für Gestaltung in Ulm. Die HfG, die sich als Nachfolgerin des Bauhauses versteht, hat in Ulm nur ein kurzes Leben vom Beginn des ersten provisorischen Unterrichts 1953 bis zur Schließung 1968. Sie bringt viele Absolventen hervor, die den Look der jungen Bundesrepublik prägen, als Produktdesigner, Stadtplaner, Hochschuldozenten. Eines ist diese Einrichtung nicht – eine Kunsthochschule. Dennoch unterrichtet Friedrich Vordemberge-Gildewart, der Klassiker der konstruktiven Kunst, in Ulm von 1954 bis zu seinem Tod 1962.

Die HfG Ulm steht für den Aufbruch nach der Diktatur der Nationalsozialisten. Gründerin ist Inge Aicher-Scholl, ältere Schwester der als Widerstandskämpfer gegen Hitler hingerichteten Sophie und Hans Scholl. Zu den treibenden Kräften der Gründung gehört ebenso der Designer Otl Aicher, der mit seinen Piktogrammen das Erscheinungsbild der Olympischen Spiele von München 1972 prägen wird.

Zu dem Ehepaar gesellt sich der am Bauhaus ausgebildete Architekt und Künstler Max Bill. Er entwirft die Architektur der HfG mit ihren klaren Kuben aus Sichtbeton und Holz. Max Bill fungiert bis 1956 als erster Rektor der Hochschule. Er beruft Vordemberge-Gildewart an die HfG.

Der Lehrplan ähnelt dem des Bauhauses. Alle Studenten durchlaufen eine gemeinsame Grundlehre und entscheiden sich dann für die unterschiedlichen Zweige der Ausbildung. Die Entwürfe,

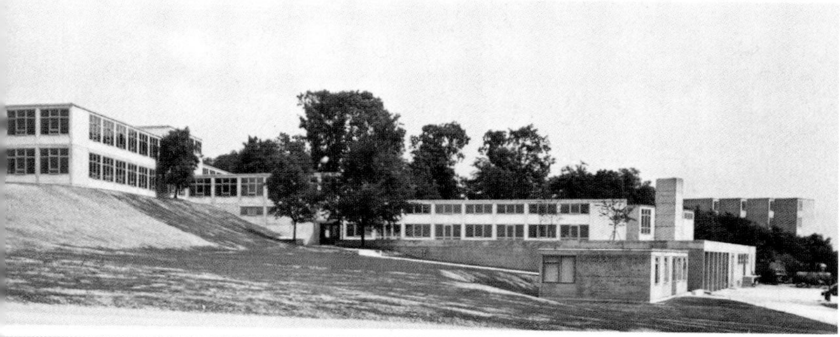

Gebäude der HfG auf dem Kuhberg in Ulm

die in Ulm entstehen, schreiben mit ihrer klaren Form Designgeschichte. Max Bills Ulmer Hocker oder das „Schneewittchensarg“ genannte Phono-Gerät von Hans Gugelot und Dieter Rams sind nur die populärsten Designprodukte „made in Ulm“.

Die Gebäude der Hochschule lagern sich auf dem Kuhberg wie ein Raumfahrzeug auf einem einsam gelegenen Landeplatz. Noch heute wirkt die Architektur mit ihrer strengen und regelmäßigen Kubatur futuristisch. Wer auf die Terrasse vor der Mensa heraustritt, genießt einen weiten Blick auf Stadt und Landschaft. Zugleich zeigt die Situation, dass diese Hochschule niemals so ganz in die Stadt eingewachsen ist. Auch in der konservativen Landespolitik Baden-Württembergs der 60er-Jahre des 20. Jahrhunderts findet sie kaum Freunde. 1968 streicht die Landesregierung unter Ministerpräsident Hans Filbinger die Zuschüsse und besiegelt damit das Ende der Schule.

Trotz ihrer kurzen Geschichte ist der Einfluss der Ulmer Hochschule für Gestaltung immens. Die an dieser Hochschule entwickelten Ideen weisen neue Wege im Produktdesign. Sie regen zudem Didaktik und Lehrangebote von Hochschulen rund um den Globus an und prägen das Berufsbild des Designers entscheidend neu.

Von Amsterdam nach Ulm: Der Avantgardist an der Hochschule

„Für mich waren und sind seine Bilder Metaphern der Ordnung, Beispiele für Proportion und Maß", erinnert sich Walter Müller im Interview 1999 an Friedrich Vordemberge-Gildewart. Müller studiert an der Hochschule für Gestaltung in Ulm, an die Vordemberge mit der Gründung der Hochschule 1954 berufen wird. Eine Ausbildung für freie Kunst gibt es an dieser Hochschule, die sich der Gestaltung widmet, nicht. Aber Vordemberge-Gildewart beeindruckt die Studenten mit seinem Wissen und seiner Klarheit. Seine Bilder geben auch dort ein Beispiel, wo es um das Design der jungen Bundesrepublik geht. Vordemberge wird bis zu seinem Tod 1962 in Ulm lehren.

Zunächst bringt das Jahr 1945 auch ihm und seiner Frau Ilse Leda die Befreiung. Es sei ein unfassbares Glück, „einen brief zu schreiben, der nicht durch die hände der gestapo zu laufen hat", schreibt Vordemberge am 19. August 1945 an die an der Konzeption des New Yorker Guggenheim Museums beteiligte Malerin und Mäzenin Hilla von Rebay und fährt fort: „sie glauben nicht, wie schwer es ist, sich an die freiheit zu gewöhnen!". Der Künstler gewöhnt sich nicht nur an die Freiheit, er nimmt ihre Möglichkeiten schnell wahr. Die 50er-Jahre bringen ihm vielfältige Ausstellungsaktivitäten. So wird er unter anderem an der Biennale von 1952, an der documenta von 1955 und der documenta II von 1959 beteiligt sein. Schon 1951 zeigt das Stedelijk Museum Amsterdam seine Bilder in einer Überblicksschau der Kunstrichtung De Stijl. Das Künstlerpaar bleibt weiter in Amsterdam. Vordemberge erhält auch neue Aufträge für Gestaltungen. Zum 80. Jahrestag seines Bestehens beauf-

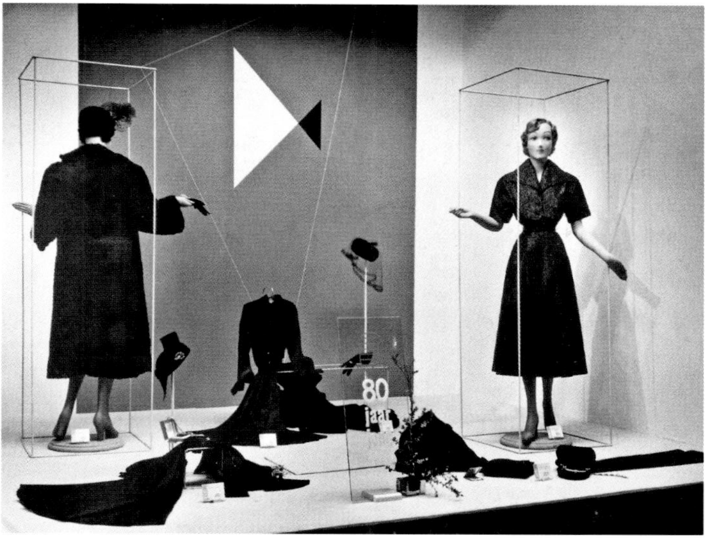

Schaufenstergestaltung für das Kaufhaus de Bijenkorf, Amsterdam, 1950

tragt das Amsterdamer Warenhaus De Bijenkorf Vordemberge im Jahr 1950 mit der Gestaltung von Schaufenstern. *80 jaar jong*, lautet der Slogan. Was sich wirklich jung ausnimmt, ist die Gestaltung von VG, der die Schaufensterpuppen in konstruktivistisch wirkende offene Quader stellt und die Mode vor dem Hintergrund eigener Bildgestaltungen präsentiert. Seine Kunst avanciert so zu einem Look der neuen Freiheit.

Die neue Freiheit findet auch ihren Ausdruck in frischen, nach der Reduktion in der Zeit des Exils jetzt wieder ausgreifenden Bildern. Das Triptychon *K 151* gibt dafür ein besonders eindrucksvolles Beispiel im für Vordemberge sehr großen Format von 80 mal 180 Zentimetern. Vordemberge kontrastiert auf den drei Tafeln das Dunkel und das Licht – links das Dunkel, rechts das Licht. Und er lässt die drei Primärfarben sukzessiv mehr Raum gewinnen. Links behauptet sich ein kleines blaues Dreieck im Schwarz. In der Mitte behauptet das Rot als

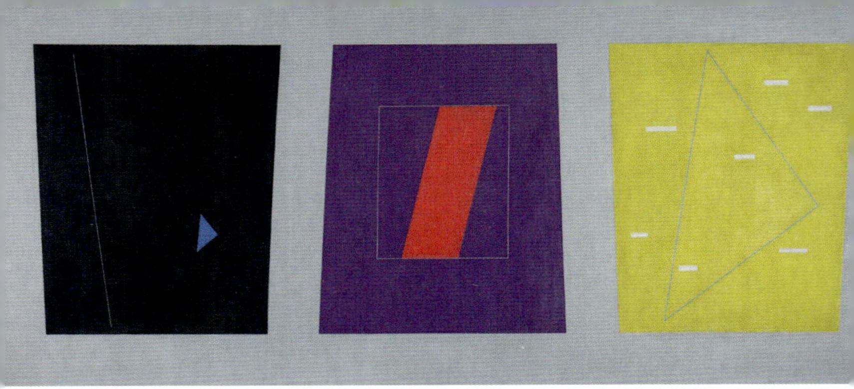

K 151, 1945–46, Öl auf Leinwand, 80 × 180 cm

Diagonalstreifen seinen Platz in der Bildmitte. Rechts hat das Gelb dann die gesamte Bildfläche erobert. Vom Dunkel zum Licht: Das Triptychon gibt ein gutes Beispiel dafür, wie Vordemberges konstruktive Kunst auch politisch gelesen werden kann.

„ich danke dir für dein vertrauen und dein angebot“: Das Schreiben an Max Bill vom 5. Mai 1954 ist mit „lieber bill“ überschrieben. Es markiert den Beginn der letzten und noch einmal ganz wichtigen Lebens- und Werkphase Friedrich Vordemberge-Gildewarts. In ihrem Gründungsjahr 1954 wird aus dem Avantgardisten der 20er-Jahre und dem Exilanten der 40er der Lehrende an der Hochschule für Gestaltung in Ulm. Max Bill hat die neue Hochschule nicht nur gemeinsam mit Inge Aicher-Scholl konzipiert, er hat sie auch als Architekt gebaut. Der Bauhaus-Schüler errichtet mit der Hochschule am Rand Ulms eine Einrichtung, die neue Maßstäbe setzen soll.

DAS KÜNSTLERPAAR FÜHRT EIN OFFENES HAUS

Vordemberge lehrt visuelle Gestaltung als Mann der ersten Stunde an der neuen Hochschule. Von Max Bill nach Ulm verpflichtet, verlässt Vordemberge mit seiner Frau Ilse Leda Amsterdam nach 16 Jahren. Das Künstlerpaar scheint in der

mit vergnügen und dank habe ich nun also die bestätigung für die mitarbeit in ulm erhalten. Nun beginnt wieder eine neue etappe. Ich freue mich wirklich.

An Max Bill, 15. August 1954

süddeutschen Stadt schnell Fuß gefasst zu haben. Vordemberge-Gildewart engagiert sich in der Kulturszene der Stadt und insbesondere im Kunstverein, der seine Werke ausstellt. Intensiv bemüht sich Vordemberge dabei auch um andere Künstler. So arbeitet er daran, dass Richard Paul Lohse, wichtiger Vertreter der *Zürcher Konkreten,* in Ulm gezeigt werden kann. Auch Ilse Leda ist aktiv, setzt ihre Arbeit als Tanzlehrerin fort. Für Studentinnen der Hochschule für Gestaltung bietet sie wöchentliche Gymnastikabende an.

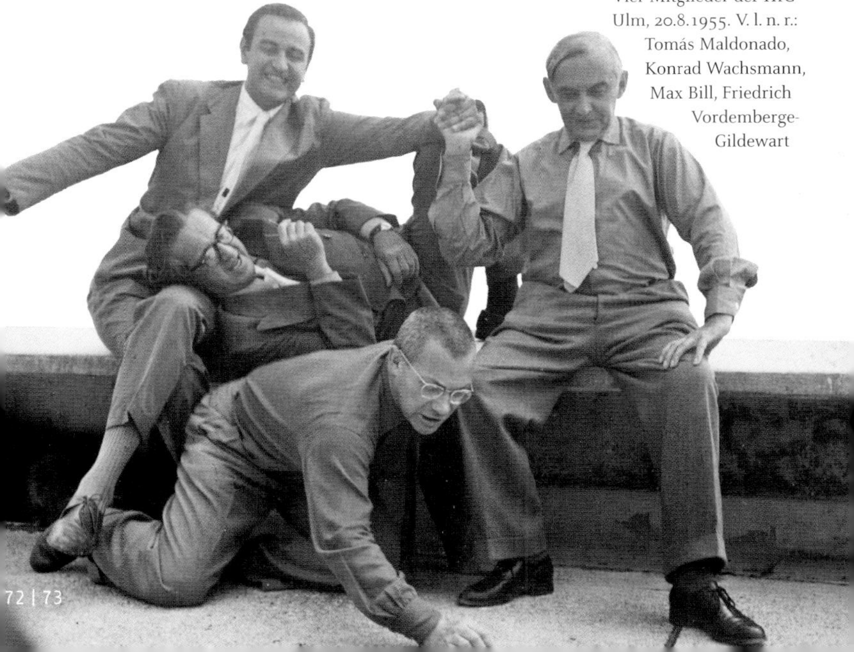

Sisi Maldonado (?): Vier Mitglieder der HfG Ulm, 20.8.1955. V. l. n. r.: Tomás Maldonado, Konrad Wachsmann, Max Bill, Friedrich Vordemberge-Gildewart

Der Künstler als Netzwerker: Diesem Motiv seines Lebens bleibt Vordemberge auch in Ulm treu. Er ist in der Stadtgesellschaft bestens vernetzt, hält sich fern von manchen ideologischen Grabenkämpfen, die das Geschehen an der Hochschule im Fortgang ihrer Geschichte prägen sollen. Die Vordemberges halten ein offenes Haus in Ulm. Das Gespräch über Kunst bei einer Tasse Tee: Viele Besucher schwärmen von der intensiven Begegnung mit Werken Vordemberges und anderer Künstler in diesem Haus.

„Erinnerlich sind mir außer den schönsten VGs einige Arbeiten von El Lissitzky, van Doesburg, mehrere Schwitters, Giaco-

K 181, 1951, Öl auf Leinwand, 50 × 60 cm

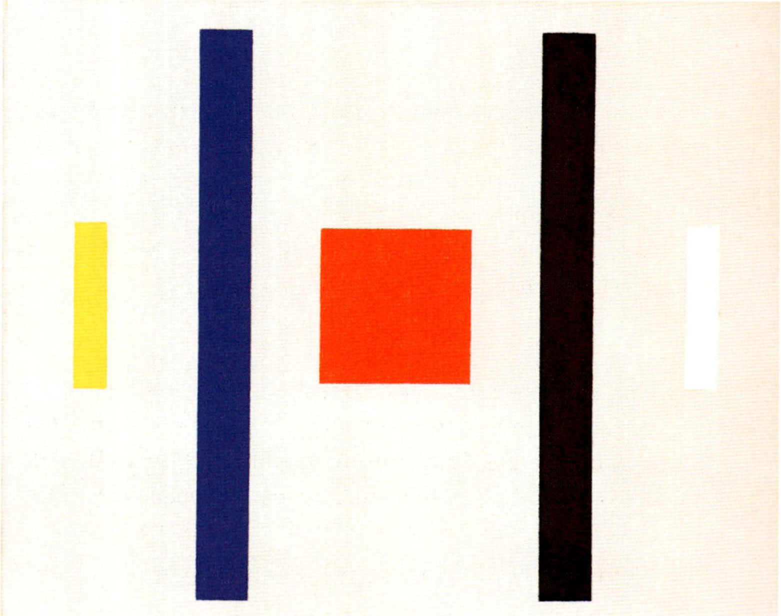

metti, Lohse und Baumeister", schreibt rückblickend die Produktdesignerin Gerda Müller-Krauspe, die von 1958 bis 1962 in Ulm studiert. Mit diesem Zeugnis wird Vordemberge-Gildewart als Sammler avantgardistischer Kunst sichtbar. Er bringt die Erinnerung an die Kunst des frühen 20. Jahrhunderts mit nach Ulm. Das sichert ihm Autorität, rückt ihn gleichzeitig aber auch von jener jüngeren Generation ab, die in Ulm nach einer neuen Formensprache sucht. „Das heißt, ich hatte erst einmal einen Heidenrespekt vor diesem Mann. Da wurde etwas lebendig vor mir, das ich bisher nur aus Büchern kannte. So habe ich zunächst einmal völlig außer Acht gelassen, daß er eigentlich schon ein alter Mann war", erinnert sich der Designer Rolf Müller, der 1972 das visuelle Erscheinungsbild der Olympischen Spiele von München mitgestalten wird, an seine Begegnung mit Vordemberge-Gildewart an der Ulmer Hochschule.

Welch nachdrückliche Zeichen Vordemberge selbst setzt, wird an seinem Bild *K 181* deutlich. Schwarz, Weiß und die Primärfarben bilden klar voneinander getrennt Rechtecke, mit dem roten Quadrat im Zentrum. Das Bild, das zur Privatsammlung Max Bills gehörte, kann wie ein Manifest der Konkreten Kunst und ihrer formalen Grammatik gelesen werden.

EIN MANN DER SENSIBLEN GELASSENHEIT

Vordemberge habe eine „sehr sensible präzise Gelassenheit" ausgestrahlt, erinnert sich Rolf Müller weiter und hat dabei auch Vordemberges Exilerfahrung im Blick: „Man weiß, daß Menschen, die eine Exilzeit durchgemacht haben, vorsichtig leben. Sie wollen niemandem weh tun. Das war bei Vordemberge-Gildewart auch so und das war keine Schwäche, sondern eine

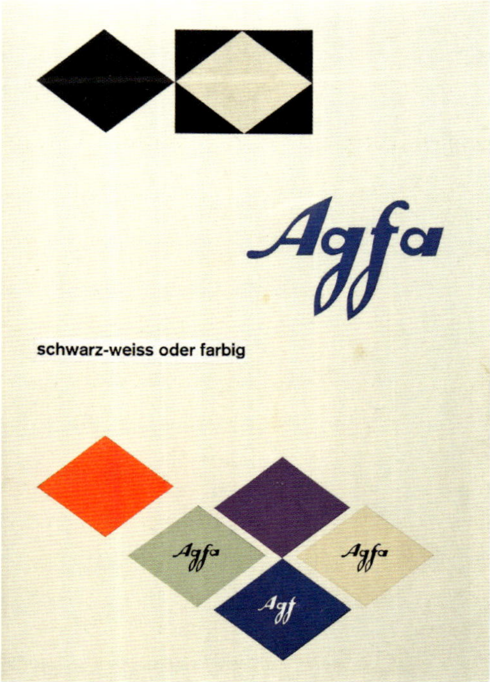

Agfa. Schwarz-weiss oder farbig, 1957, Plakatenwurf

Lebenserfahrung", sagt Müller 1999 im Interview. Vordemberge-Gildewart jedenfalls hält die Erinnerung an die Kunst der Avantgarde in Ulm im Gedächtnis. In ausführlichen Dia-Vorträgen präsentiert er die Klassiker der konstruktiven Kunst. Der Respekt bei den Studenten ist groß. Sie haben den Eindruck, dass ihnen mit VG ein Mann entgegentritt, der noch Piet Mondrians Hand geschüttelt hat.

Vordemberge-Gildewart greift mit seinen Dia-Vorträgen auf jene Einsichten und Errungenschaften der konstruktiven Kunst zurück, die er für allgemeingültig hält. Er leitet in Ulm nicht nur die Abteilung für visuelle Gestaltung, sondern ist auch in der Grundlehre aktiv. Ähnlich wie am Bauhaus war das Studium an der Hochschule für Gestaltung zweigeteilt, einmal in die einjährige Grundlehre und dann in die fachlichen Spezialisierungen. Vordemberge versteht sich dabei nicht als Historiker der Kunst des 20. Jahrhunderts, sondern als Denker überzeitlicher Prinzipien der Ästhetik. Er habe die Absicht, „von der ganzen strategie der optik und deren maschinerie zu berichten“, umreißt er seine Intention.

Wie die Gestaltung von den Grundprinzipien der konstruktiven Kunst profitieren kann, führte Vordemberge auch mit eigenen Entwürfen vor. Sein Plakatentwurf *Agfa / schwarz-weiss oder farbig* von 1957 spielt raffiniert mit den Grundlagen der Konkreten Kunst. Vordemberge bringt die drei Primärfarben ins Spiel. In ruhigem Blau setzt er den Schriftzug Agfa und etabliert mit dem roten Rhombus unten links einen kraftvollen farblichen Gegenakzent. Er überträgt den Slogan schwarzweiss oder farbig präzis in die bildnerische Gestaltung des Plakats. Die starken Primärfarben verweisen ebenso auf die Produktqualität des Fotofilms wie die Rhomben in Schwarz und Weiß, die er im oberen Bereich als Positiv und Negativ einer Form inszeniert und damit noch auf ein Grundprinzip der analogen Fotografie verweist – auf die Dualität von Negativ und Positiv des fotografierten Bildes.

„formgebung ist rein aesthetisch, hingegen ‚gestaltung‘ ist schönheit nach gesetz, funktion und wachstum“, schreibt Vordemberge dem eine Generation jüngeren Tomás Maldonado, der als Lehrender an der Ulmer Hochschule eine herausragende Rolle spielt. Vordemberge sieht deshalb nicht nur die Kontinuität ästhetischer Grundgesetze, er unterscheidet gleichwohl weiterhin genau zwischen Kunst und Design. Dabei entstehen in der Ulmer Zeit nur noch rund 20 Gemälde.

Man hatte nach seinen Dia-Vorträgen immer das Gefühl, Tatlin und Mondrian persönlich getroffen zu haben.

Designer Walter Müller über Vordemberge-Gildewart

Vordemberge versucht vergeblich, der Kunst mehr Einfluss an der Ulmer Hochschule zu verschaffen. Nach dem Ausscheiden Max Bills 1957 setzt sich der Konstruktivist dafür ein, der Kunst „auch in verbindung mit der farbe und der plastik, also auch in der optik" einen eigenen Geltungsbereich einzuräumen. Er kann sich mit dieser Haltung jedoch nicht durchsetzen. Die Ulmer Hochschule wird zunehmend bestimmt von einer Orientierung an Industrie und Produkt. Die Kunst bleibt da ohne Chance. Vordemberge muss schmerzhaft spüren, dass er aus einer Zeit kommt, deren Ideale die Entwicklung des Designs in der Bundesrepublik nur noch mittelbar mitbestimmen können. Daran ändert auch die Tatsache nichts, dass der Künstler von Anfang an Mitglied im Rektoratskollegium ist und deshalb einen gewissen Einfluss auf die Geschicke der Ulmer Hochschule nehmen kann.

Vordemberge suchte immer wieder ganz bewusst den Rückzug auf seine Kunst. Aller Gestaltung zum Trotz hat er sich von seiner Kunst nie abbringen lassen und in ihr das Zentrum seines Schaffens gesehen. Die Pflichten des Alltags an der

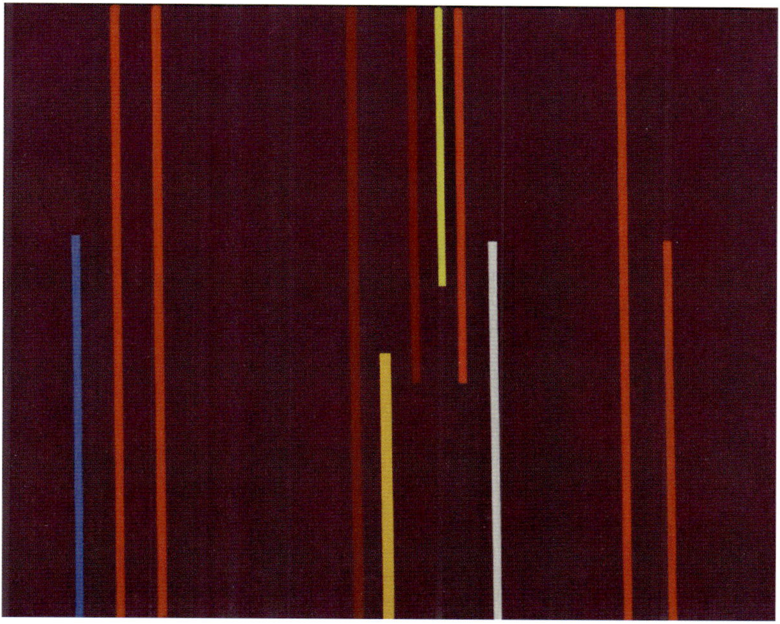

K 199, 1953, Öl auf Leinwand, 50 × 60 cm

Primärfarben im freien Fluss: 1953, ein Jahr vor seiner Berufung an die Hochschule für Gestaltung in Ulm, komponiert Friedrich Vordemberge-Gildewart das Bild *K 199*. Auf violettem Grund stehen die Primärfarben Rot, Gelb und Blau als schmale Streifen. Sie bilden ein genau kalkuliertes Gleichgewicht der optischen Energien. Das Weiß steht im Goldenen Schnitt der Grundfläche wie der Wegweiser einer ausgeglichenen Existenz. Das Schwarz ist verschwunden, so als gehörte es einer überwundenen Zeit an – jener des Nationalsozialismus vielleicht? Das Violett des Fonds entsteht mit der Mischung von Blau und Rot. So wirken die Farbwerte ineinander. Leuchtstark und ausgewogen zugleich – so strahlt dieses Bild.

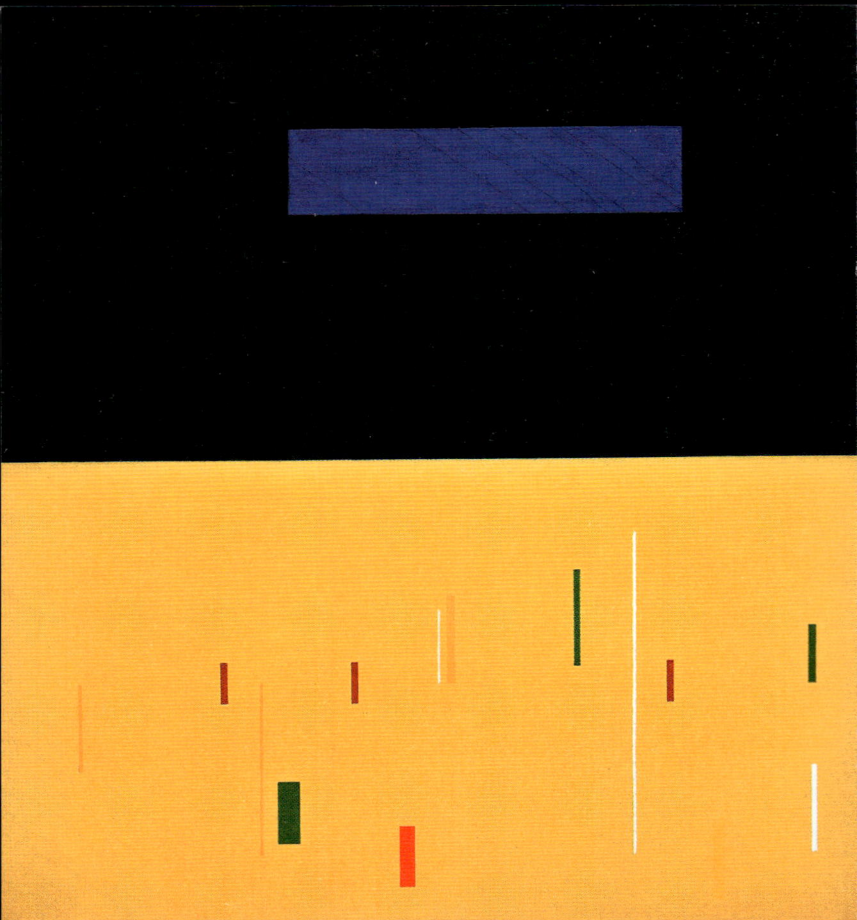

K 209, 1957, Öl auf Leinwand, 50 × 50 cm

Hochschule für Gestaltung lassen ihm nur wenig Raum für die Arbeit im eigenen Atelier. Zu den vergleichsweise wenigen Bildern, die in seiner Ulmer Zeit entstehen, gehört das Gemälde *K 209*, an dem sich gut nachvollziehen lässt, wie Vordemberge eine immer größere Freiheit der Kunst gewinnt. Die zarten, ja zerbrechlich wirkenden Konstruktionen der Zeit des Exils gehören ebenso der Vergangenheit an wie die Diagonalkompositionen, mit denen sich Vordemberge lange Zeit in der Nachfolge Theo van Doesburgs und des De Stijl bewegte.

AM ENDE EINE FREIE SPRACHE DER KUNST

Das Bild *K 209* zeigt das freie Spiel mit den Senkrechten und den Waagerechten im Bild, mit der Aufteilung des Bildraums in Kompartimente, die wie Gegensätze aufgebaut werden und jeweils ganz unterschiedliche Kompositionsprinzipien wie auch farbliche Stimmungen zeigen. *K 209* ist in zwei übereinander angeordnete Felder aufgeteilt. Das obere Feld ist schwarz gehalten, das untere mit einem gelben Fond versehen. Während im Schwarz nur ein Balken Blau still leuchtet, schweben im Gelb zarte Farbfelder wie Stäbe – oder wie Taktgeber einer beschwingten Rhythmik. Oben Stille, unten Bewegung, oben nur das Blau, unten Gelb, Rot, Grün und das Weiß – Vordemberge macht aus seinem Bild ein Bekenntnis zu Licht und Bewegung.

Vordemberge-Gildewart verantwortet unter dem Signum der Visuellen Kommunikation ein weites Feld von Werbung bis Fotografie. Er arbeitet auf diesen Gebieten mit den Mitteln, die er aus der Kunst der Avantgarde kennt, ja, mit entwickelt hat. Im Lauf der Entwicklung der Ulmer Hochschule ziehen neue Methoden ein. Jüngere Lehrkräfte und erst recht die Studenten beziehen visuelle Kommunikation immer mehr auf Erkenntnisse der Soziologie und Wirkungsforschung. „richtig sehen, auf den grund der dinge gehen, strukturen sehen! Und nicht oberflächlich etwas goutieren“: So lautet Vordemberges Credo. Viele Studenten folgen begeistert seiner visuellen Philosophie, andere kritisieren seine typografischen Entwürfe als „Grabsteintypografie“.

„DAS HELLE LICHT TAT SEINEN BILDERN GUT“

Friedrich Vordemberge-Gildewart ist eine prägende Persönlichkeit, bis zuletzt. Das Ende der Ulmer Hochschule für Gestaltung 1968 erlebt er nicht mehr. Er stirbt am 19. Dezember 1962 in Ulm. Sein Grab befindet sich auf dem Osnabrücker Hase-Friedhof. Auf dem Grabstein heißt er wieder, wie zu Beginn seiner Lebensbahn, ganz familiär Friedel Vordemberge-Gildewart. In Osnabrück schließt sich der Kreis.

Seine Persönlichkeit bleibt lebhaft in Erinnerung. Eugen Gomringer, Nestor der Konkreten Poesie und damals Assistent Max Bills an der Ulmer Hochschule, erinnert sich an die „geistreiche Unmittelbarkeit“, die von Vordemberge ausging. „Man musste ihn an einem Sonntagmorgen besuchen!“, schreibt Gomringer und ergänzt: „Das helle Licht tat auch den Farben seiner Bilder gut. Er malte ja bei Tageslicht, wenn es hell war“. Eine Kunst der Helligkeit, des geistigen wie des ästhetischen Lichts – so bleiben Friedrich Vordemberges Bilder präsent. Die Persönlichkeit des Künstlers ebenso.

Der stille Star und sein Jahrhundert

Er ist lieber brillant als laut. Er ist ein Netzwerker, aber kein Opportunist. Friedrich Vordemberge-Gildewart erscheint heute als der Stille unter den Stars eines Jahrhunderts, in dem sich die Kunst so gründlich wie selten zuvor in ihrer Geschichte verändert hat. Vordemberge ist Handwerker in Osnabrück, Avantgardist in Hannover, Star in Paris, Exilant in Amsterdam, Hochschullehrer in Ulm: Seine Karriere verbindet wie ein einziger, straff gespannter Spannungsbogen die Stationen der Avantgarde und ihrer explosiven Entwicklung.

Noch wichtiger: Friedrich Vordemberge-Gildewart ist einer der wenigen Künstler seiner Zeit, der in den wichtigen Etappen der Kunstentwicklung nicht einfach nur dabei ist, sondern ihnen seine Signatur einprägt. Er verbindet wie in einem Dreischritt Avantgarde, Exil und die Zeit nach 1945 wie kaum ein anderer deutscher Künstler des 20. Jahrhunderts.

Vordemberge treibt die Avantgarde entscheidend mit voran, wird von den Nationalsozialisten als „entartet" gebrandmarkt und geht ins Exil. Dort bleibt er seiner Kunst treu. Er startet nach 1945 neu als Gestalter an jener Ulmer Hochschule, die sich nicht nur dem Erbe des Widerstands der Weißen Rose gegen den Nationalsozialismus verpflichtet sieht, sondern sich auch in der Nachfolge des Bauhauses verortet.

Im Rückblick erstaunt nicht nur, mit welcher Konsequenz und Geschwindigkeit der junge Künstler seinen Platz in der konstruktiven Kunst des 20. Jahrhunderts findet, sondern auch die durchgehend hohe Qualität seines Werkes. Sein Umfang ist mit 223 Positionen im aktuellen Werkverzeichnis überschaubar.

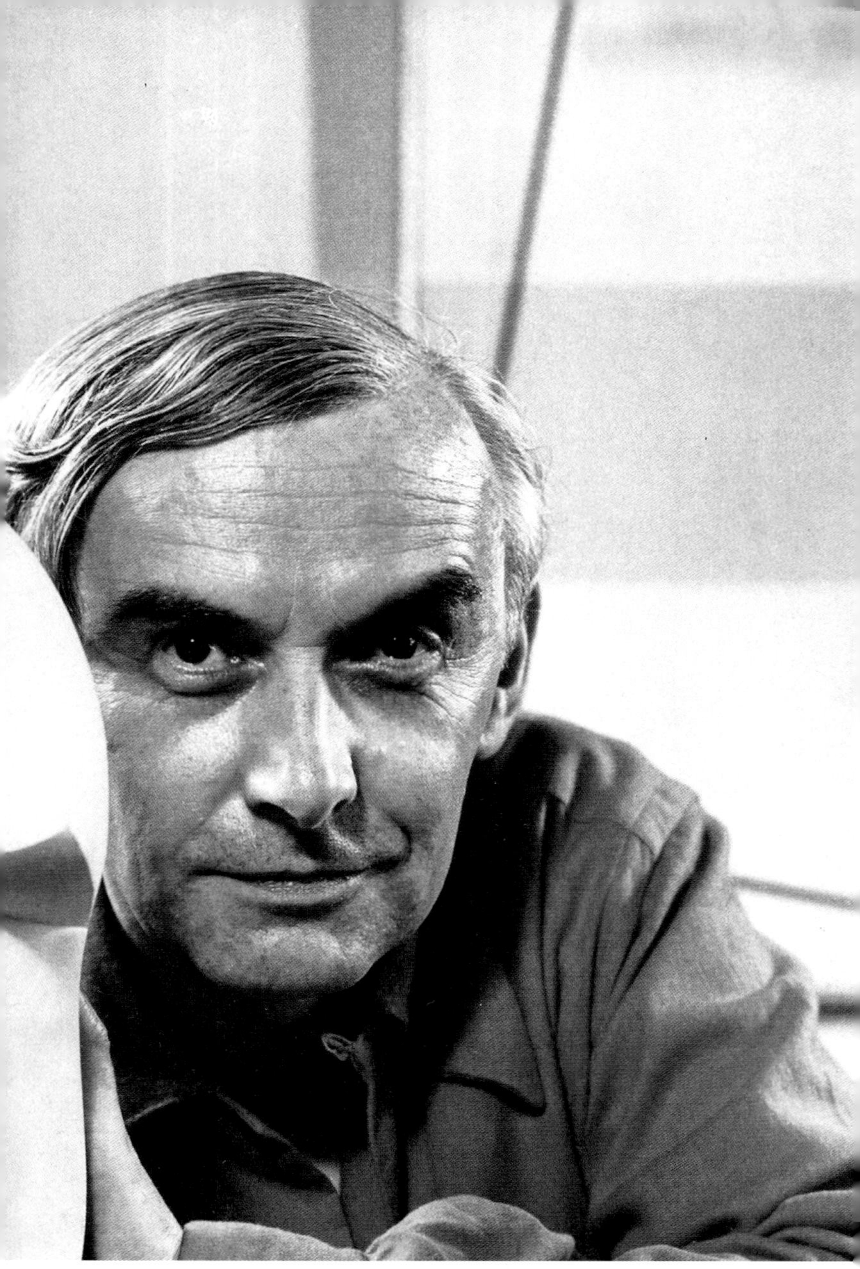

Friedrich Vordemberge-Gildewart in seinem Atelier

Vordemberges Bilder beeindrucken anhaltend mit der Prägnanz ihrer Konzeption und der Frische ihrer Farbigkeit. Sie markieren eine eigenständige Position der konstruktiv-konkreten Kunst jenseits aller Dogmen. Ob Piet Mondrian oder Wassily Kandinsky, Hans Arp oder Max Bill – Vordemberge verkehrt mit ihnen auf Augenhöhe, ohne sich unterzuordnen. Der Künstler aus Osnabrück bewahrt seine geistige Unabhängigkeit inmitten der Kämpfe um Dogmen der Avantgarde. Vordemberge bleibt smart.

BILDER IN DEN GROSSEN MUSEEN DER WELT

Die hohe Qualität seines Werkes überzeugt, in der Museumswelt und auf dem Kunstmarkt. Die Londoner Annely Juda Fine Art Gallery ist zentrale Anlaufstelle für den Handel mit den wenigen Bildern Vordemberges, die auf den Kunstmarkt kommen. Seine Werke finden sich in weltweit führenden Museen, den Sammlungen des New Yorker Museum of Modern Art, des Kunstmuseums in Den Haag, des Pariser Centre Pompidou oder der Londoner Tate Gallery. In Deutschland besitzen Häuser von Berlin bis Bremen, von Hamburg bis München und in Vordemberges Geburtsstadt Osnabrück Bilder des Künstlers. Das Museum Wiesbaden bewahrt den größten Werkkomplex Vordemberge-Gildewarts, ebenso wie seit 1997 seinen künstlerischen Nachlass.

Die Beschäftigung mit Person und Werk des Künstlers wird nicht nur im Museum Wiesbaden mit immer neuen Impulsen vorangetrieben. Zentrale Anlaufstelle für Friedrich Vordemberge-Gildewart und sein Werk ist seit 1981 die Stiftung Vordemberge-Gildewart im schweizerischen Rapperswil. Ilse Leda, Witwe des Künstlers, legte dort seit 1977 die Grundlagen für die

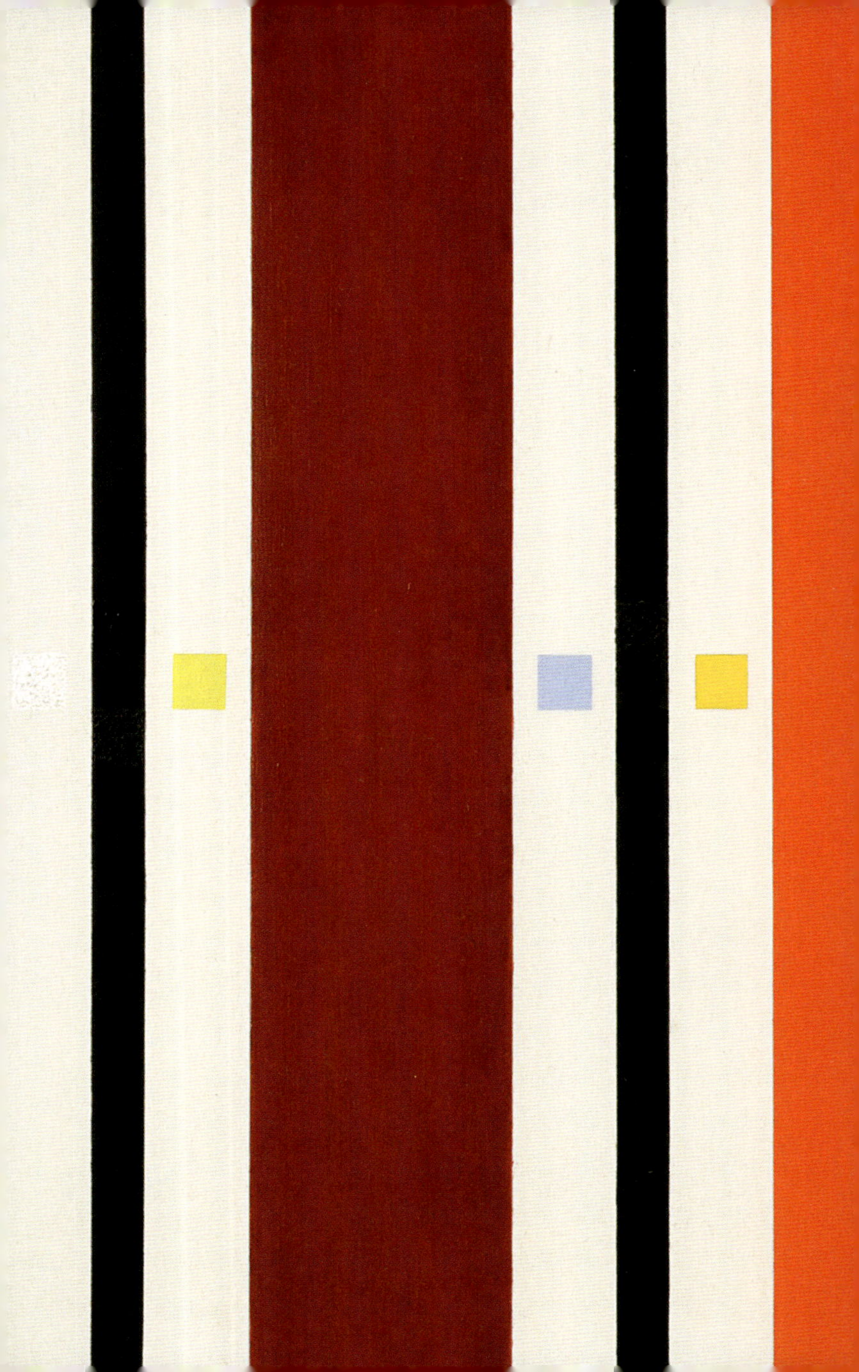

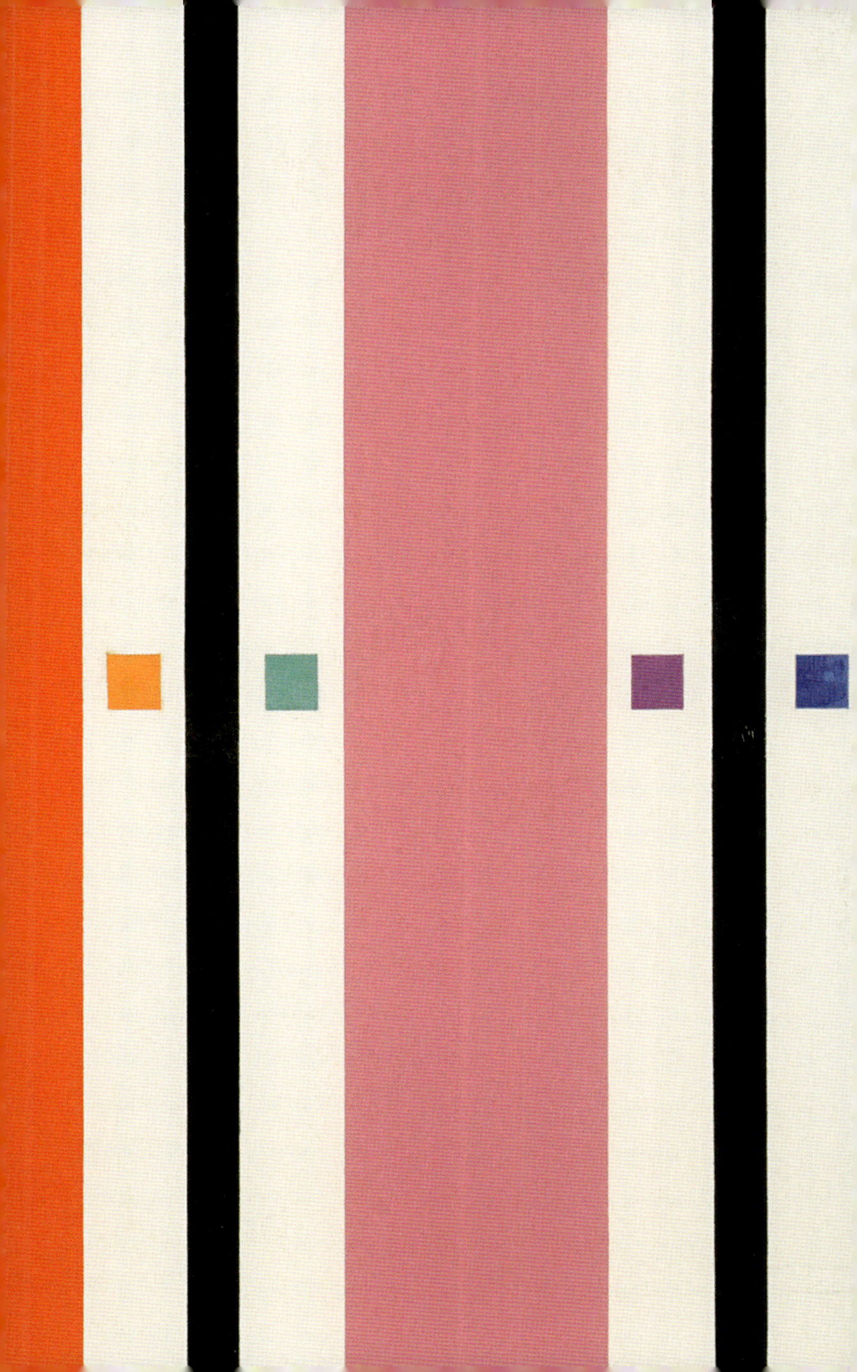

Er wartete nicht auf eine Platzzuweisung in der Kunstgeschichte. Er hatte schon Platz genommen.

Designer Walter Müller über Vordemberge-Gildewart

Vordemberge-Gildewart gewidmete Stiftung. Die Vordemberge-Gildewart-Stiftung vergibt seit 1983 jährlich den VG-Preis an junge europäische Künstlerinnen und Künstler. Außerdem hält die Stiftung auf ihrer Homepage den New Œuvre Catalogue der Werke Vordemberge-Gildewarts vor. Damit stellt die Stiftung ein unverzichtbares Hilfsmittel für die Beschäftigung mit dem Werk Vordemberges bereit.

GEBURTSSTADT OSNABRÜCK SETZT NEUE AKZENTE

Seit einigen Jahren setzt auch Osnabrück, die Geburtsstadt des Künstlers, neue Akzente für eine zeitgemäße Pflege des Werkes von Friedrich Vordemberge-Gildewart. Die VG-Initiative versammelt seit 2005 Kunstinteressierte rund um Vordemberge-Gildewart. Aus dieser Initiative geht 2018 die Stiftung kunst.konkret.konstruktiv vordemberge-gildewart hervor, die sich darum bemüht, Vordemberges Werk neu zu positionieren. Seit Jahren gehören Ausstellungen, Vorträge und Symposien zum Programm der Stiftung.

Vorhergehende Doppelseite:
K 215, 1961, Öl auf Leinwand, 80 × 105 cm

Einen eigenen Akzent setzt die Osnabrücker Sievert-Stiftung für Wissenschaft & Kultur, die nicht nur Projekte rund um VG fördert, sondern auch das Geburtshaus des Künstlers vollständig restauriert und als Sitz der Stiftung bezogen hat. Mit dem Namen Vordemberge-Gildewarts verbindet sich auf diese Weise ein neuer Ort der Kunst und Kultur.

Friedrich Vordemberge-Gildewart ist immer neu zu entdecken. Seine Bilder erweisen sich als Kunstwerke für mündige, ihren Sinn nachkonstruierende Betrachter. Vordemberges Kunst hat den Horizont jener Avantgarde, in deren Geist sie im 20. Jahrhundert entsteht, längst überschritten. Sie ist Kunst für eine freie Gesellschaft. Friedrich Vordemberge-Gildewart entfaltet auf jedem seiner Gemälde die Interaktionen der Farben und Formen wie die Kommunikation der Individuen in einer pluralistischen Gemeinschaft. Seine konstruktive Kunst darf in diesem Sinn politisch gelesen werden – auch als Botschaft an das 21. Jahrhundert.

Das VG-Haus in der Osnabrücker Altstadt

Von der Tischlerwerkstatt zum Kulturquartier – das klingt nach einer ungewöhnlichen Karriere. Genau das gilt aber für das Geburtshaus des konstruktivistischen Künstlers und Mitgliedes der Gruppe De Stijl, Friedrich Vordemberge-Gildewart. Ausgerechnet in den stillen Gassen einer historischen Altstadt beginnt das Leben eines der aufregendsten Avantgardisten des 20. Jahrhunderts.

Große Gildewart 27 – Friedrich Vordemberge hängt den Straßennamen seinem Familiennamen an: Vordemberge-Gildewart. Mit diesem Namen geht auch die Straßenbezeichnung in die Kunstgeschichte ein. Schon der Erbauer des Hauses ist Tischler. Heinrich Ludwig Schmalriede erbaut 1877 jenes Haus, das Heinrich August Vordemberge, der Vater des Künstlers, 1894 übernimmt. Nach vorn die klassizistische Fassade, zum Hof hin die Werkstatt: Gesellschaftliche Repräsentation und handwerklicher Fleiß gehen hier gut zusammen. Wo bürgerliche Aufstiegsträume gehegt werden, wächst ein junger Mann heran, der eines Tages mit Piet Mondrian und Wassily Kandinsky gemeinsam ausstellen wird.

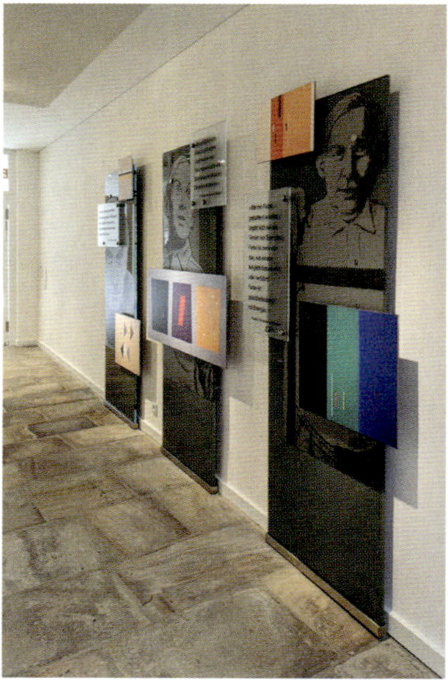

Vordemberge-Gildewart-Haus in der Osnabrücker Altstadt, Innenansicht

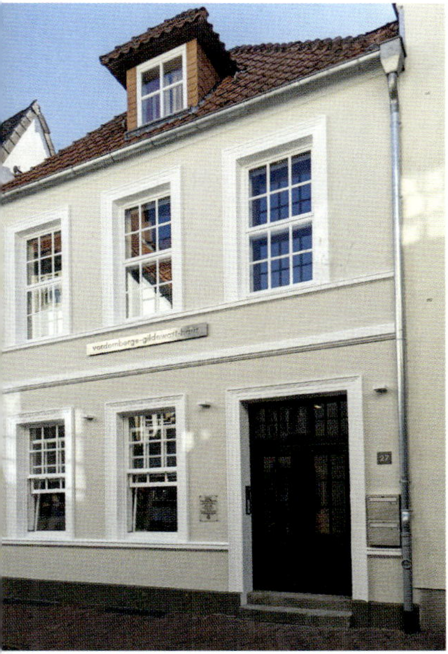

Vordemberge-Gildewart-Haus
in der Osnabrücker Altstadt,
Außenansicht

Das Haus an der Großen Gildewart 27 ist längst in eine neue Phase seiner Karriere eingetreten. Dr. Siegfried Hoffmann und Dr. Renate Hoffmann-Schilhan, die das Gebäude 1982 erwerben, machen aus dem Haus ein Zentrum der Beschäftigung mit Vordemberge-Gildewart. Sie recherchieren Hintergründe und Kontexte des Hauses, richten kleine Ausstellungen zur Konkreten Kunst aus. Später kommt die VG-Initiative hinzu, ein lockerer Verbund von Menschen, die sich für Friedrich Vordemberge-Gildewart und sein Werk interessieren.

Inzwischen hat die Osnabrücker Sievert-Stiftung für Wissenschaft & Kultur das Haus übernommen. Die Eigentümer übertragen das Haus 2017 der Stiftung als Geschenk. In den folgenden Jahren wird der Bau grundlegend saniert. Im Rahmen eines Ensembleschutzes der Osnabrücker Altstadt ist er vom Denkmalschutz erfasst. Im September 2023 installiert die Sievert-Stiftung ihren Sitz in der Großen Gildewart 27. Das Haus, in dem einst Tischler arbeiteten, ist als Ausstellungs- und Kulturzentrum hergerichtet. Das Ausstellungsprogramm ist der Konkreten Kunst gewidmet. Am Ort seiner Geburt tritt Friedrich Vordemberge-Gildewart nun in Dialog mit künstlerischen Positionen der Gegenwart.

* **AUSDRUCKSTANZ** *Der Ausdruckstanz entsteht zu Beginn des 20. Jahrhunderts als eine von den Regeln des Balletts freie Form des künstlerischen Tanzes. Der Ausdruckstanz macht Gefühle sichtbar. Zu seinen Vertreterinnen gehören Isadora Duncan, Mary Wigman und später Pina Bausch.*

---

* **AVANTGARDE** *Das Wort Avantgarde bezeichnet die fortschrittlichen künstlerischen Strömungen des frühen 20. Jahrhunderts wie zum Beispiel Futurismus, Kubismus oder Expressionismus. Avantgardisten wenden sich gegen historische Traditionen, Institutionen und ästhetische Normen. Sie verstehen sich als radikale Vorkämpfer für neue Ideen in Kunst und Gesellschaft.*

---

* **BAUHAUS** *Das Bauhaus war eine Hochschule für Gestaltung, die Walter Gropius 1919 in Weimar gründete mit dem Ziel, Kunst, Handwerk, Technik und Architektur zusammenzuführen. Das Bauhaus zog 1925 nach Dessau um, 1932 nach Berlin, wo es 1933 unter dem Druck der Nationalsozialisten aufgelöst wurde. Am Bauhaus lehrten unter anderen Josef Albers, Paul Klee, Wassily Kandinsky und Ludwig Mies van der Rohe.*

---

* **DADAISMUS** *Der Dadaismus entsteht nach dem Ersten Weltkrieg als Gegenbewegung zur bürgerlichen Kultur. Der Dadaismus entfaltet sich als provokantes Antiprogramm aus Geräuschkonzerten und vermeintlicher Unsinnspoesie. Zentren des Dadaismus waren unter anderem Berlin, Zürich, Paris und Köln. In Hannover vertrat Kurt Schwitters das Programm des Dadaismus mit seiner „Merzkunst“.*

* **GOLDENER SCHNITT** *Der Begriff bezeichnet ein altes Harmoniegesetz der Kunst und Architektur. Eine Strecke AB ist nach dem Goldenen Schnitt durch einen Punkt E geteilt, wenn sich die Länge der gesamten Strecke zur größeren Strecke AE verhält wie diese zur restlichen Strecke EB. Dieses Teilungsgesetz erzeugt als harmonisch empfundene Maßverhältnisse.*

---

* **INTERNATIONAL STYLE** *Der International Style bezeichnet eine Richtung der modernen Architektur von den 1920er- bis in die 1970er-Jahre. Zu den Charakteristika dieses Stils gehören stereometrische Grundformen und rationale Funktionalität. Zu seinen wichtigsten Vertretern gehörten neben Architekten des Bauhauses auch Le Corbusier, Philip Johnson und Richard Neutra.*

---

* **KONKRETE KUNST** *1930 schlägt Theo van Doesburg die Bezeichnung Konkrete Kunst für eine ungegenständliche Kunst vor, die Linie, Fläche, Körper und Farben als autonome Mittel der Gestaltung einsetzt.*

---

* **KUBISMUS** *Georges Braque und Pablo Picasso entwickelten ab 1907 die Kunstrichtung des Kubismus, bei dem Bildmotive in geometrische Grundformen aufgelöst werden. Dabei werden Motive in mehrere, simultan gezeigte Ansichten zerlegt. Vorbereiter des Kubismus war Paul Cézanne, der in seiner Malerei die Natur auf geometrische Körper zurückführte.*

Literatur

Abstrakt – Konkret – Absolut. Friedrich Vordemberge-Gildewart und die Kestner-Gesellschaft, hrsg. von Elmas Senol und Christina Végh, Hannover 2017

Max Beckmann. Exil in Amsterdam, hrsg. von der Pinakothek der Moderne, Ostfildern 2007

Jaehner, Inge, Susanne Tauss und Wendelin Zimmer: *Friedrich Vordemberge-Gildewart zum 100. Geburtstag*, Osnabrück 1999

Kunst für eine andere Gesellschaft. Vordemberge-Gildewart. 50 Jahre danach, hrsg. von Osnabrück – Die Friedensstadt, Osnabrück 2012

Perspektiven des Konstruktiven: Friedrich Vordemberge-Gildewart in der Kunst des 20. Jahrhunderts, hrsg. von Stefan Lüddemann und Hans Peterse, Osnabrück 2024. https://stiftung-kkk-vg.de/?page_id=3599

„nichts – und alles". Der De Stijl-Künstler Friedrich Vordemberge-Gildewart, bearb. von Roman Zieglgänsberger, hrsg. von Museum Wiesbaden, Bielefeld, Berlin 2013

Rotzler, Willy: *Konstruktive Konzepte. Eine Geschichte der konstruktiven Kunst vom Kubismus bis heute*, Zürich 1995

Spitz, René: *HfG Ulm 1968–2008*, Ulm 2012

Vordemberge-Gildewart, Friedrich: *Schriften und Vorträge*, hrsg. von Dietrich Helms, St. Gallen 1976

Vordemberge-Gildewart. The complete works, hrsg. von Dietrich Helms und Arta Valstar-Verhoff, München 1990

Vordemberge-Gildewart, Friedrich: *Briefwechsel*, hrsg. von Museum Wiesbaden (Volker Rattemeyer) und Stiftung Vordemberge-Gildewart (Dietrich Helms). 2 Bde, Nürnberg 1997

Friedrich Vordemberge-Gildewart. Zum 100. Geburtstag, hrsg. von Brigitte Reinhardt und Michael Roth, Ulm 1999

Vordemberge-Gildewart. *Gästebücher 1925–1962*, hrsg. von Museum Wiesbaden, Wiesbaden 2006

Vordemberge-Gildewart. The New Oeuvre Catalogue. Vordemberge-Gildewart Stiftung, Rapperswil. https://vordemberge-gildewart.eu/the-new-oeuvre/catalogue/paintings/

Voßgröne, Gabriele: *Große Gildewart 27. Geschichte des Geburtshauses von Friedrich Vordemberge-Gildewart*, Osnabrück 2023

Wachsmann, Christiane: *Vom Bauhaus beflügelt. Menschen und Ideen an der Hochschule für Gestaltung Ulm*, Stuttgart 2018

Warncke, Carsten-Peter: *Das Ideal der Kunst. De Stijl 1917–1931*, Köln 1998

Standorte der abgebildeten Werke

Cover, Vorsatz, Nachsatz, S. 22, 28, 36, 37, 58, 65, 66, 76, 79: Museum Wiesbaden

S. 7, 26: Sprengel Museum, Hannover

S. 9: Mildred Lane Kemper Art Museum, Washington University St. Louis

S. 20: Kunsthalle Bremen

S. 24: Kunsthaus Zürich

S. 32, 86–87: Museum für konkrete Kunst, Ingolstadt

S. 41: Kunstmuseum Winterthur

S. 45, 46, 72: Museumsquartier Osnabrück

S. 47: Von der Heydt-Museum, Wuppertal

S. 49, 74, 80: Privatsammlung

S. 51: Pfalzgalerie Kaiserslautern

S. 55: verschollen

S. 59: Sammlung David Juda, London

S. 61: Museum Kunstpalast Ehrenhof, Düsseldorf

S. 67: Sievert Stiftung für Wissenschaft und Kultur, Osnabrück

Impressum

Konzeption der Kleinen Reihe
Martina Padberg

Verlagsredaktion
Doris Hansmann

Lektorat
Thomas Hauffe

Satz und Gestaltung
Christian Padberg

Gesamtherstellung
Wienand Verlag

Printed in EU

Erschienen im
Wienand Verlag
www.wienand-verlag.de
Weyertal 59, 50937 Köln

ISBN 978-3-86832-774-8

Umschlagabbildungen
Einband: Friedrich Vordemberge-Gildewart: **K 35**, 1927 (Ausschnitt); Vorsatz: **K 199**, 1953; Nachsatz: **K 116**, 1952 (Ausschnitt)

Dieser Band ist Dr. Renate Hoffmann-Schilhan und Dr. Siegfried Hoffmann gewidmet.

Gefördert von
Sievert-Stiftung für Wissenschaft & Kultur, Osnabrück

sievertstiftung
für wissenschaft & kultur

Dank an
Museum Wiesbaden
Stiftung Vordemberge-Gildewart, Rapperswil/CH
Museumsquartier Osnabrück
Stiftung kunst.konkret.konstruktiv vordemberge-gildewart, Osnabrück
Prof. Dietrich Helms (†), Hamburg
Dr. Hans Peterse, Osnabrück

Bibliografische Information der Deutschen Nationalbibliothek
Die Deutsche Nationalbibliothek verzeichnet diese Publikation in der Deutschen Nationalbibliografie; detaillierte bibliografische Daten sind im Internet über http://dnb.de abrufbar

Wienand-Publikationen werden weltweit in führenden Buchhandlungen und Museumsshops angeboten (Vertrieb in Europa, Asien, Nord- und Südamerika).